CB074851

HISTÓRIAS RUSSAS

HISTÓRIAS RUSSAS

recontadas por
Ana Maria Machado

Ilustrações de
Laurent Cardon

1ª edição
FTD

FTD

Copyright © Ana Maria Machado, 2014
Todos os direitos reservados à
EDITORA FTD S.A.
Matriz: Rua Rui Barbosa, 156 – Bela Vista – São Paulo – SP
CEP 01326-010 – Tel. (0-XX-11) 3598-6000
Caixa Postal 65149 – CEP da Caixa Postal 01390-970
Internet: www.ftd.com.br
E-mail: projetos@ftd.com.br

Diretora editorial Ceciliany Alves
Gerente editorial Valéria de Freitas Pereira
Editora Cecilia Bassarani
Editor assistente Luís Camargo
Preparadora Elvira Rocha
Revisora Marta Lúcia Tasso
Editora de arte Andréia Crema
Projeto gráfico Sylvain Barré
Diagramadora Alicia Sei
Editoração eletrônica Ana Cristina Dujardin
Diretor de operações e produção gráfica Reginaldo Soares Damasceno

Ana Maria Machado é autora de mais de cem livros. É traduzida em 19 países. Em 2000, ganhou o Prêmio Hans Christian Andersen, considerado o Nobel da literatura infantil mundial. Em 2001, recebeu o maior prêmio literário nacional, o Machado de Assis. Em 2003, entrou para a Academia Brasileira de Letras. Recebeu o Prêmio Príncipe Claus 2010, da Holanda, concedido a artistas e intelectuais de reconhecida contribuição nos campos da cultura e do desenvolvimento.

Dados Internacionais de Catalogação na Publicação (CIP)
(Câmara Brasileira do Livro, SP, Brasil)

Machado, Ana Maria
   Histórias russas / recontadas por Ana Maria Machado ; ilustração Laurent Cardon. – 1. ed. – São Paulo : FTD, 2015.

   ISBN 978-85-20-00092-2

   1. Contos – Literatura infantojuvenil I. Cardon, Laurent. II. Título.

15-00697   CDD-028.5

Índices para catálogo sistemático:
1. Contos : Literatura infantil 028.5
2. Contos : Literatura infantojuvenil 028.5

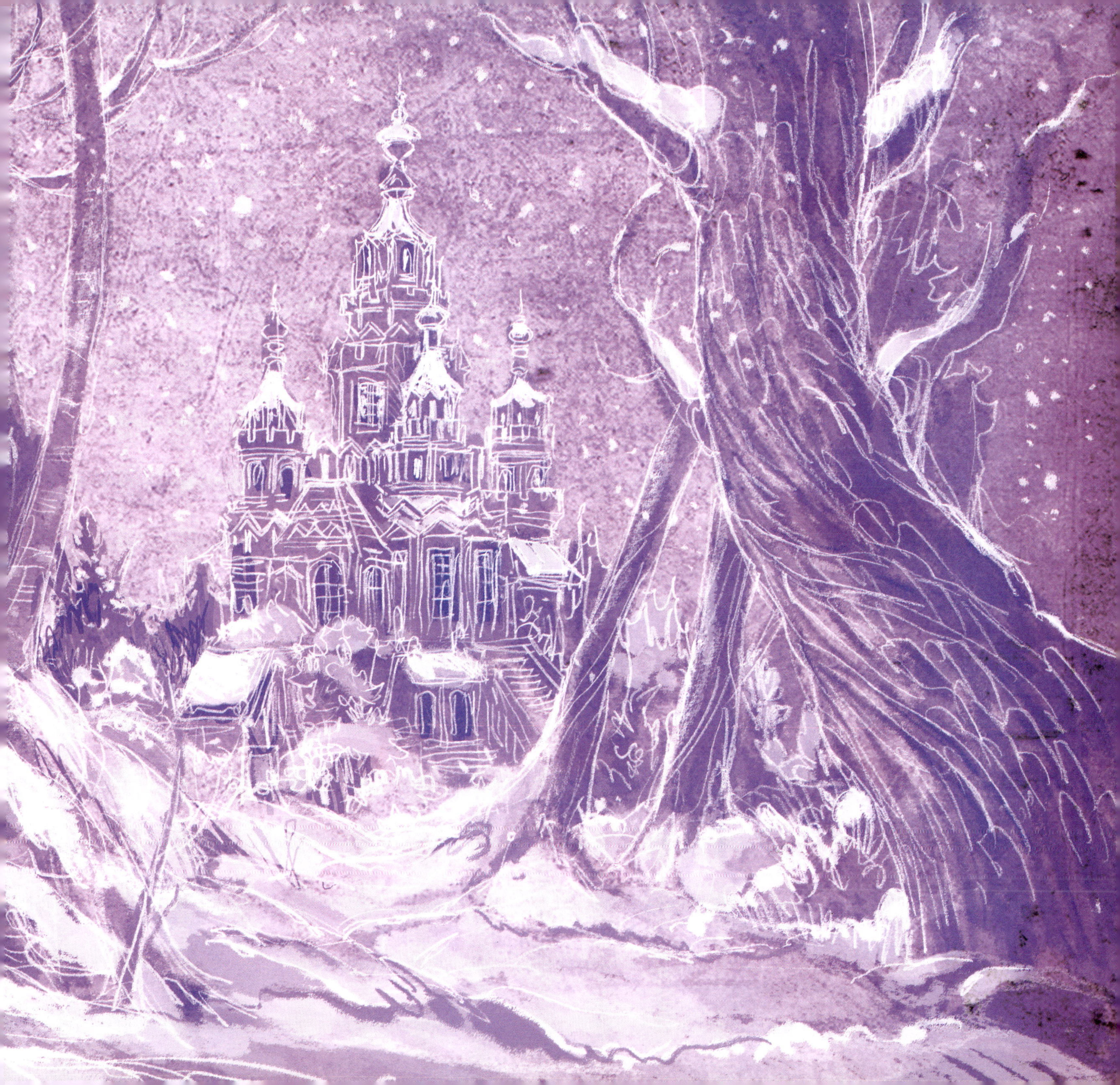

Uma rica tradição.....10

O Pássaro de Fogo, o Fabuloso Arqueiro e o Cavalo Mágico.....14

O lobo cinzento.....25

O belo falcão
Finist.....40

O Velho
do Mar.....61

UMA RICA TRADIÇÃO

As histórias tradicionais russas se tornaram muito conhecidas fora das fronteiras do país desde o século XIX, graças a Alexander Afanássiev (1826-1871), que compilou e publicou oito volumes com mais de seiscentos contos populares, recolhidos em diferentes pontos dessa imensa nação. Alguns já tinham certa tradição literária em fontes escritas, outros vinham diretamente do relato oral de camponeses ou artesãos analfabetos.

Fizeram muito sucesso e foram logo traduzidos para outras línguas, com seus pássaros encantados (inclusive o falcão Finist, cujo nome deriva de fênix, de origem grega), seus animais maravilhosos, seus objetos mágicos a ajudar o herói ou a heroína. Uma dessas aves fantásticas, o Pássaro de Fogo, serviu de inspiração para um dos mais famosos balés russos, do compositor Igor Stravinsky, e aparece em várias histórias.

Vários personagens se repetem nelas: as Baba-Iagás com suas isbás de patas de galinha, as princesas Vassilissas, os tsarévitches Ivan, os corcéis incomparáveis, os pássaros de fogo. As isbás de patas de galinha inspiraram outro compositor russo, Modest Mussorgsky, em um dos "quadros" da sua mais famosa suíte para piano: Quadros de uma exposição.

Os cenários variam muito, mas sempre se pode sentir neles as grandes amplidões de um país muito vasto, estendendo-se do leste da

Europa até os reinos do fim do mundo, onde as terras acabam porque a Ásia termina no mar e não há mais aonde ir. A história do Velho do Mar vem da Sibéria, recolhida por Mikhail Voskoboinikov.

    Lembro bem com que encantamento li algumas dessas histórias quando era criança, incorporando à minha geografia imaginária os bosques de bétulas, os desertos de pedra e neve, as estepes geladas habitadas por lobos e ursos. Espero que esta seleção sirva de introdução a esse fascinante universo e que os leitores também se sintam transportados a esses mundos mágicos e desafiadores.

Ana Maria Machado

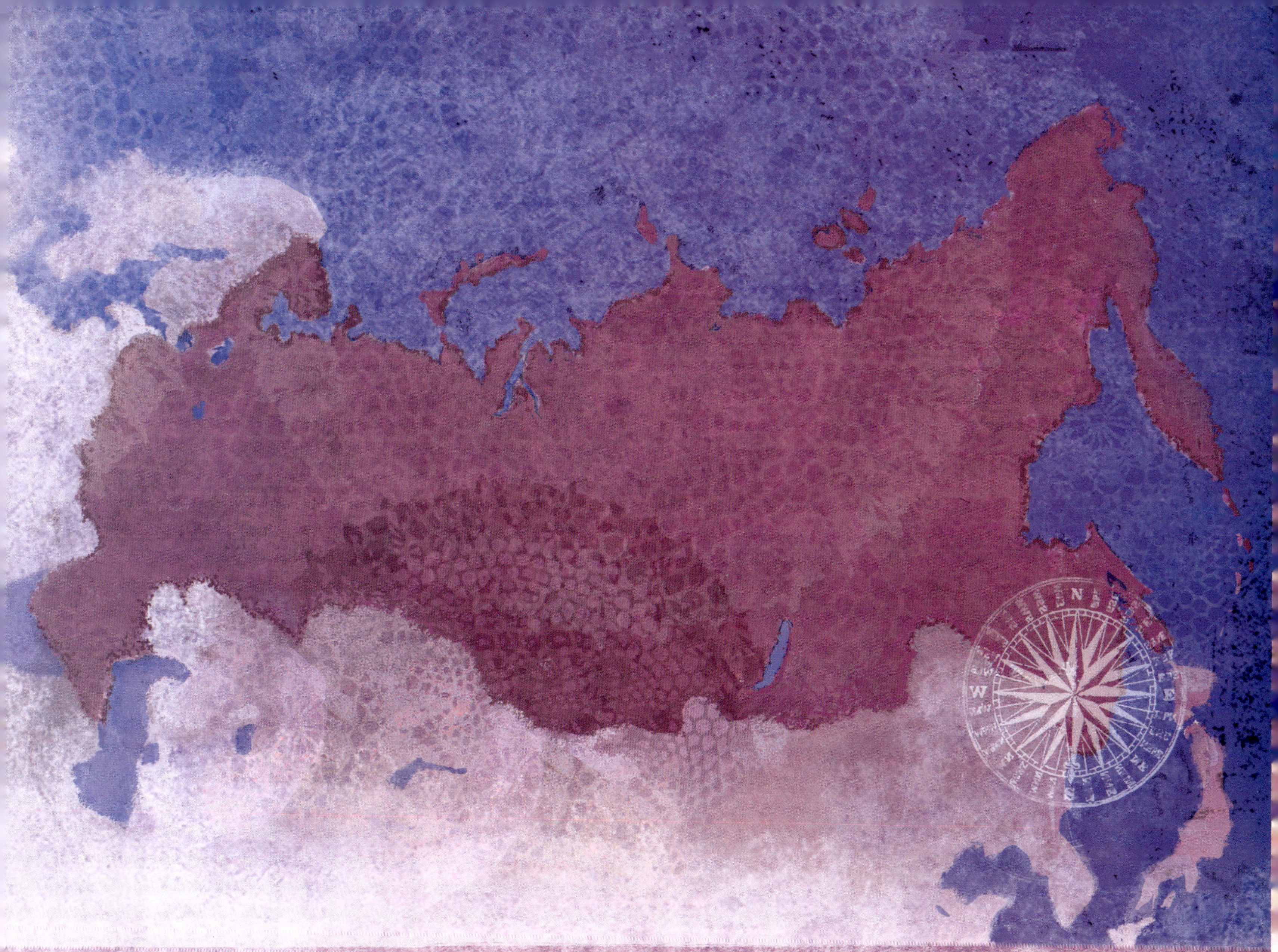
N
W
E

O PÁSSARO DE FOGO, O FABULOSO ARQUEIRO E O CAVALO MÁGICO

Há muito, muito tempo, numa terra muito longe daqui, vivia um rei poderoso que gostava muito de caçar e procurava se cercar de bons caçadores. Entre eles, o melhor era o Fabuloso Arqueiro, que nunca errava seu alvo. E que, além disso, era dono do Cavalo Mágico.

Um dia, esse arqueiro ia ao bosque caçar e, quando estava cavalgando pela estrada, viu no chão uma pena dourada que brilhava como fogo. Apeou para apanhá-la e o cavalo disse:

– Pare já! Essa pena é do Pássaro de Fogo. Não a pegue, que vai trazer desgraça.

O Fabuloso Arqueiro hesitou. Mas pensou: se levasse a pena de presente para o rei, com certeza ganharia uma bela recompensa. E como é que uma recompensa pode ser uma desgraça? Abaixou-se e recolheu do chão a pena dourada. Em seguida, montou, voltou ao palácio e entregou-a ao rei.

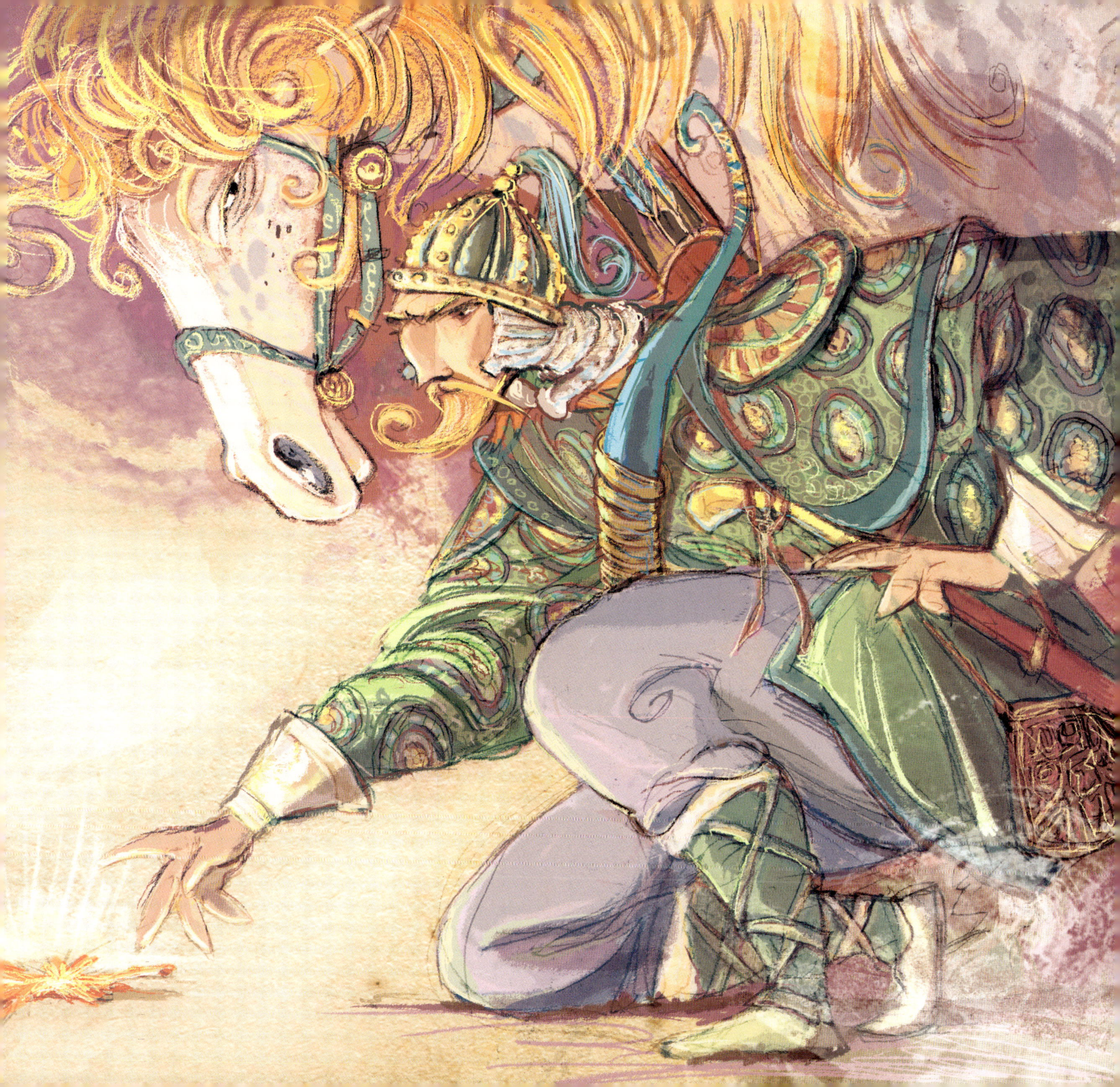

– Que beleza! – disse ele. – Mas quem pega uma pena pega um pássaro. Vá buscar o Pássaro de Fogo. E não volte sem ele. Senão, já sabe: minha espada sai daqui da minha cintura e corta sua cabeça.

O rapaz saiu desesperado e, chorando, foi procurar o cavalo:

– Bem que você avisou! Quem mandou eu não ouvir? O rei agora quer que eu traga o Pássaro de Fogo.

– Não adianta chorar – disse o Cavalo Mágico. – Eu não disse que se pegasse a pena lá vinha desgraça? Mas não tenha medo. Isso ainda não é a desgraça, ela só vem depois.

– E o que é que eu faço?

– Peça ao rei para amanhã mandar espalhar cem sacas de milho no campo.

O rapaz seguiu o conselho, e o rei deu as ordens. No dia seguinte bem cedo, o Fabuloso Arqueiro foi até o campo, soltou o Cavalo Mágico e ficou escondido atrás de uma árvore. De repente, todas as folhas do bosque vizinho começaram a farfalhar, as águas do rio próximo se encresparam, tudo anunciava que o Pássaro de Fogo estava chegando.

Era magnífico, com todos os tons de amarelo, laranja e vermelho, brilhando dourado. Veio voando, pousou no campo e começou a bicar o milho. O Cavalo Mágico foi se aproximando como quem não quer nada e, de repente, pisou firme na asa dele e o prendeu com seu casco.

Sem poder voar, a ave não pôde fugir quando o Fabuloso Arqueiro saiu do esconderijo e a amarrou. Depois, montando o Cavalo Mágico, o rapaz levou logo o Pássaro de Fogo para o palácio e o entregou ao rei.

– Que beleza! Com um tesouro destes, agora quero me casar – disse ele. – Num reino muito distante daqui, lá onde o sol vem de dentro do mar azul e nasce bonito com todas as cores deste pássaro, vive a noiva que eu quero: Vassilissa, a princesa. Vá buscá-la para ser minha noiva. Quando a trouxer, dou-lhe muito ouro e prata. Mas se não a trouxer, já sabe: minha espada sai daqui da minha cintura e corta sua cabeça.

O rapaz saiu desesperado e, chorando, foi procurar o Cavalo Mágico:

– Bem que você avisou! Quem mandou eu não ouvir? O rei agora quer que eu traga a princesa Vassilissa.

– Não adianta chorar – disse o Cavalo Mágico. – Eu não disse que se pegasse a pena lá vinha desgraça? Mas não tenha medo. Isso ainda não é a desgraça, ela só vem depois. Peça ao rei que mande preparar tudo para a viagem, comidas deliciosas, bebidas gostosas e uma tenda de cocuruto dourado.

O rei deu ordens para atenderem ao Fabuloso Arqueiro. Montado em seu Cavalo Mágico, o rapaz galopou até o reino do fim das terras, lá onde o sol nasce bonito, de dentro do mar azul, com todas as cores do fogo. E lá estava Vassilissa no mar, em seu bote, remando com um remo dourado.

O Fabuloso Arqueiro soltou o Cavalo Mágico para pastar, descansar e recuperar as forças, e armou a tenda de cocuruto dourado. Forrou o chão dentro dela com a tapeçaria e arrumou as comidas e bebidas deliciosas. Depois se sentou no chão, cruzou as pernas e começou a se servir, esperando a princesa Vassilissa.

Assim que a moça viu o brilho do sol refletido no alto da tenda, remou para a beira da praia, desceu do bote e se aproximou.

– Princesa Vassilissa – saudou o Fabuloso Arqueiro. – Seja muito bem-vinda. Venha provar meu pão e todas estas delícias, venha tomar os vinhos de outras terras. Fique à vontade, está tudo às suas ordens.

Ela aceitou o convite, entrou, sentou-se ao lado dele na tapeçaria. E foi provando as delícias, e bebendo os vinhos de outras terras, acabou ficando com muito sono. Assim que ela adormeceu, o Fabuloso Arqueiro chamou o Cavalo Mágico, desmontou a tenda de cocuruto dourado, pegou a moça no colo, montou, e saíram a galope.

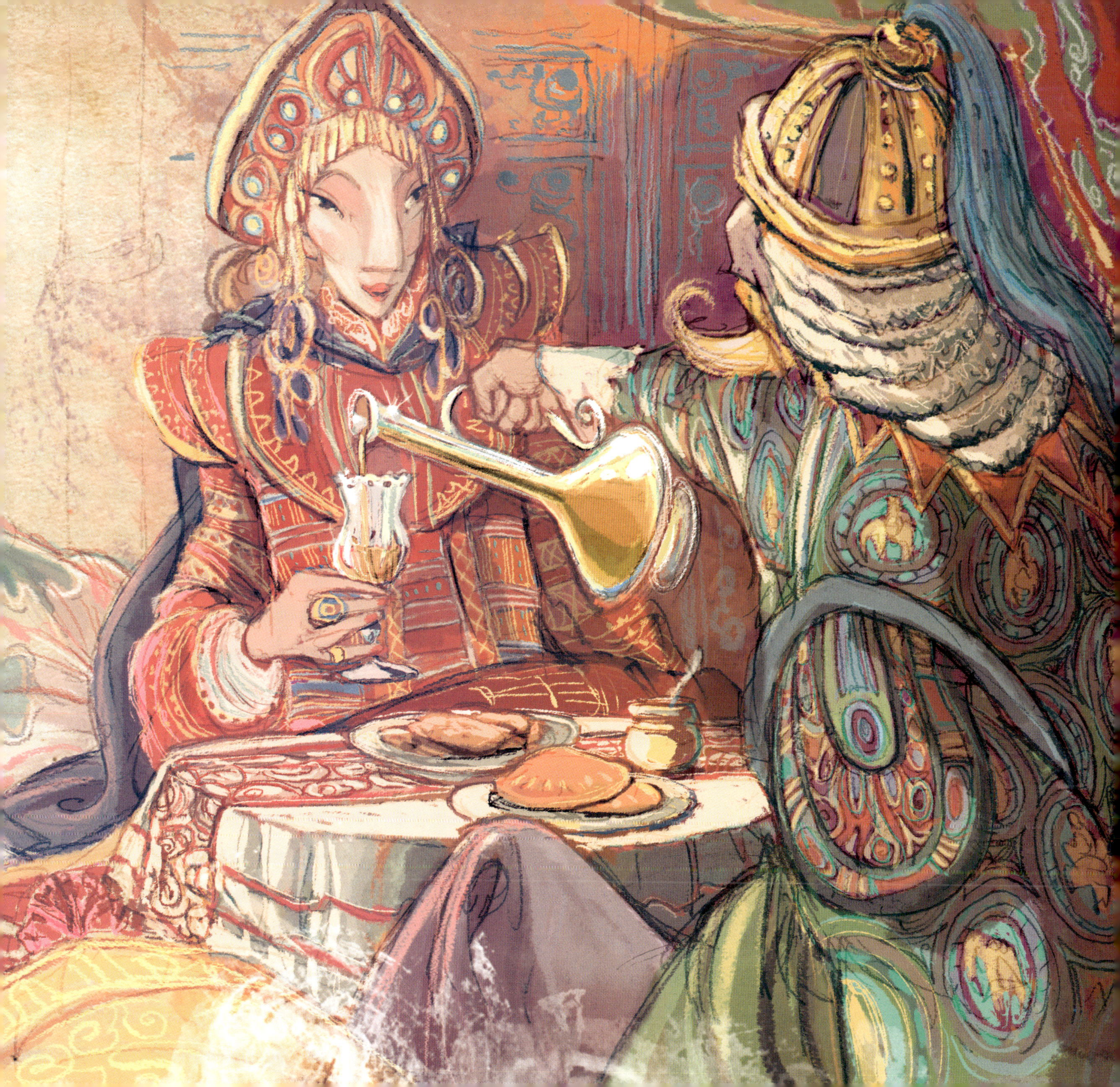

O rei ficou muito agradecido ao receber a princesa, e deu ao Fabuloso Arqueiro todas as recompensas prometidas. E resolveu se casar com Vassilissa. Mas ela não ficou muito animada com a ideia. Então, inventou uma condição:

— Só posso me casar se estiver usando meu vestido de noiva encantado, guardado para mim debaixo de uma pedra no profundo mar azul.

O rei não teve dúvidas. Chamou o Fabuloso Arqueiro e ordenou:

— Vá bem depressa até o fim das terras, onde o sol brota todo vermelho, dourado e bonito de dentro do mar azul. Procure uma pedra grande lá no fundo. Debaixo dela está guardado o vestido de noiva da princesa Vassilissa. Traga-o, para que ela possa se casar. Enquanto isso, vamos preparando a festa do casamento.

Quando o Fabuloso Arqueiro estava fazendo uma reverência para se despedir e começar sua missão, o rei acrescentou:

— E não se esqueça: se trouxer o vestido, vai ter uma recompensa maior do que todas as outras. Mas, se não o trouxer, já sabe: minha espada sai daqui da minha cintura e corta sua cabeça.

O rapaz saiu desesperado e, chorando, foi procurar o Cavalo Mágico:

— Agora, sim, chegou a hora da minha morte. Bem que você avisou! Quem mandou eu não ouvir? O rei agora quer que eu me meta no fundo do mar, levante uma pedra enorme e traga o vestido de noiva da princesa Vassilissa. É uma desgraça!

– Não adianta chorar – disse o Cavalo Mágico. – Eu não disse que se pegasse a pena lá vinha desgraça? Mas não tenha medo. Isso ainda não é a desgraça, ela só vem depois. Vamos dar um jeito. Monte e vamos até o fim das terras.

E lá se foram eles, a galope, até a praia onde começava o profundo mar azul, de onde todo dia nasce o sol bonito e dourado, cheio de tons de vermelho, laranja e amarelo. Ficaram olhando aquela imensidão linda, enquanto o Fabuloso Arqueiro imaginava que jeito poderia dar.

De repente, reparou que a marola trazia uma lagosta enorme até a areia. Rapidamente, o Cavalo Mágico levantou a pata e logo pisou com seu casco na beiradinha da carapaça da lagosta. Com delicadeza para não quebrar, mas com firmeza para o animal não se soltar.

– Por favor, não me mate! – implorou a lagosta. – Sou o Rei das Lagostas. Solte-me e eu posso ajudá-lo no que quiser.

– Sabe onde fica o vestido de noiva da princesa Vassilissa, no fundo mais fundo do profundo mar azul? – perguntou o Cavalo Mágico.

– Claro! Fica debaixo da pedra encantada.

– Pois então traga o vestido aqui para nós – ordenou o Fabuloso Arqueiro. – E depressa!

O Rei das Lagostas nem saiu do lugar. Gritou bem alto em direção às ondas e na mesma hora apareceu junto à praia uma quantidade enorme de lagostas, lagostins, cavaquinhas, pitus, lavagantes, de todos os tamanhos e tipos.

– Quero o vestido de noiva da princesa Vassilissa! Bem rápido – mandou ele.

Assim foi feito. Num instante, estavam de volta com um vestido deslumbrante, com os brilhos do sol quando nasce e as cores do mar com todos os seus peixinhos, algas e corais. O Cavalo Mágico soltou o Rei das Lagostas, o Fabuloso Arqueiro agradeceu muito a ele, e os dois voltaram a galope para entregar o vestido ao rei. Mas a princesa Vassilissa não queria casar com o rei e inventou outra coisa.

– Não posso me casar enquanto esse seu arqueiro não tomar um banho de água fervendo.

Ouvindo isso, o rei nem hesitou. Mandou trazer um caldeirão enorme e encher de água para ferver. Quando já estava borbulhando, ordenou que jogassem seu fiel arqueiro na fervura.

– Por favor, Majestade... – implorou ele. – Eu sei que não adianta pedir clemência, que essa é a minha desgraça. Mas será que eu não podia ao menos me despedir de meu fiel cavalo, meu único amigo no mundo?

O rei permitiu. E o rapaz, desesperado e chorando, foi em busca do Cavalo Mágico. Abraçou o pescoço do animal, alisou seu pelo e disse:

– Agora eu sei que é a minha desgraça. Bem que você me avisou. Vão me jogar num caldeirão de água fervendo.

Às pressas, o Cavalo Mágico lambeu a cabeça do Fabuloso Arqueiro e, com isso, o protegeu com um encantamento. Depois disse:

– Não tenha medo, você vai sobreviver. Desgraça mesmo vai ser a de quem recebeu a pena de presente e não soube dar valor. Uma desgraça que corresponde a todas as penas do pássaro.

Mas nem chegou a explicar nada, porque os soldados do rei já estavam agarrando o rapaz e logo o mergulharam na água fervendo. Ele ficou um tempo lá no fundo, mas depois veio à tona. Não apenas estava vivo, mas tinha se transformado no homem mais bonito que já se viu em qualquer conto de fadas.

Com inveja, o rei também quis ficar ainda mais bonito. Jogou-se no caldeirão e num instante tinha morrido escaldado.

E o país ficou sem rei.

Mas tinha uma princesa. E Vassilissa resolveu: ia se casar com o Fabuloso Arqueiro, para que ele ficasse com o trono e os dois unissem seus reinos. E viveram felizes por muitos e muitos anos.

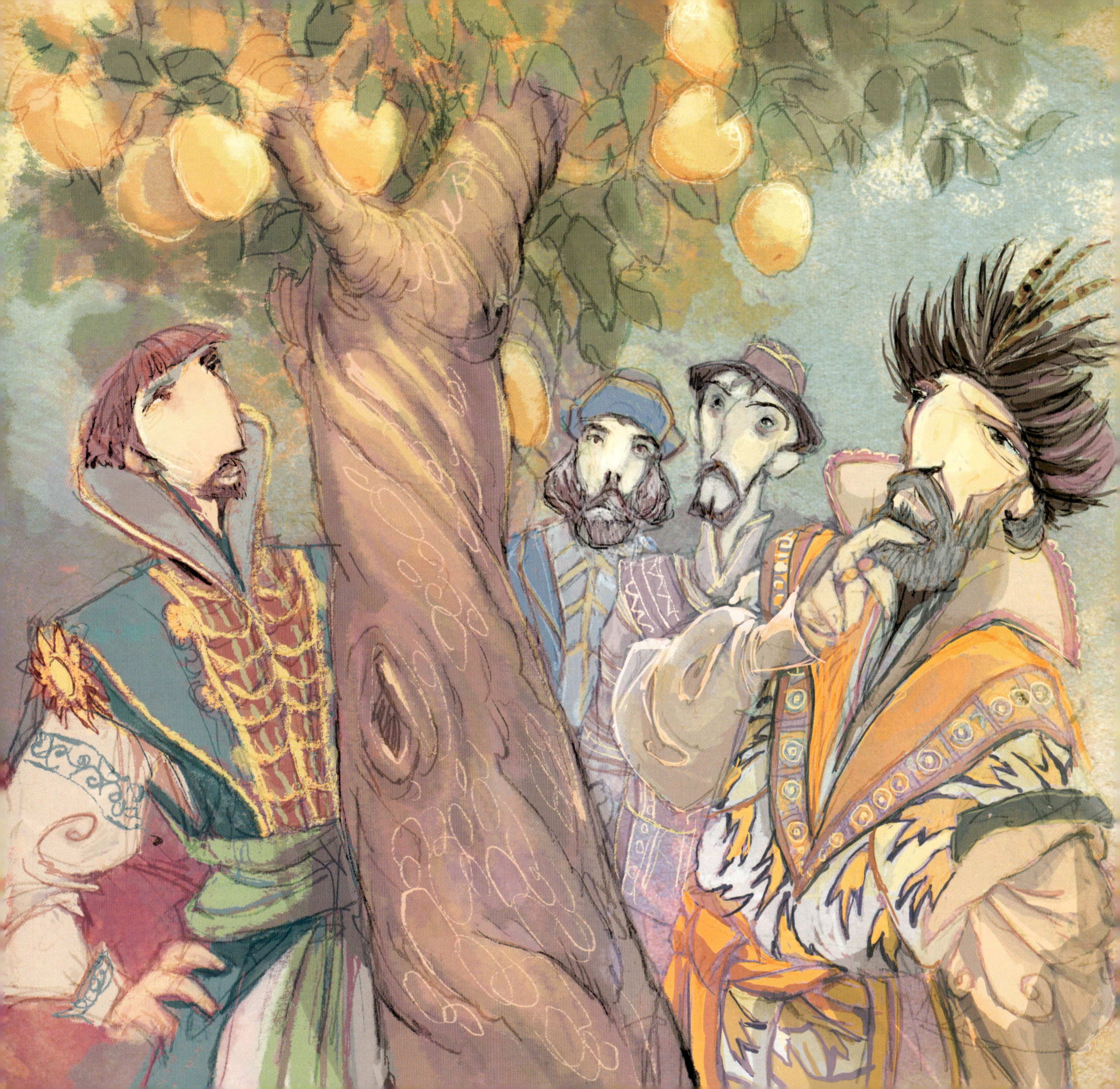

O LOBO CINZENTO

Era uma vez um tsar que tinha três filhos. Moravam todos num palácio com um jardim maravilhoso, onde havia uma macieira que dava maçãs de ouro. Um dia, começou a acontecer algo estranho. Toda noite entrava um ladrão e roubava uma das maçãs. O tsar mandou reforçar a guarda no jardim, mas ninguém conseguiu surpreender o ladrão. E assim se passaram vários dias. O tsar já estava adoecendo. Tão infeliz que nem conseguia mais comer e beber direito.

Os filhos dele, os tsarévitches, então, vieram falar com ele:

– Deixe por nossa conta, pai. Nós mesmos vamos tomar conta do jardim.

Assim fizeram. Logo na primeira noite, o tsarévitche mais velho ficou de vigia. Mas estava tudo tão calmo, e ele estava cansado... Acabou adormecendo. De manhã cedo, faltava uma maçã dourada na árvore e ele não tinha visto nada.

Na segunda noite, foi a vez do irmão do meio. Sentou-se debaixo da macieira, recostou-se no tronco e ficou prestando atenção em qualquer barulhinho que escutasse. Mas a noite estava tranquila, a posição estava confortável, de vez em quando ele cochilava. E de manhã cedo, quando foram contar as maçãs douradas, viram que mais uma tinha desaparecido, e ele não tinha visto nada.

Na terceira noite, foi a vez de Ivan, o príncipe caçula. Com medo de dormir, ele resolveu nem mesmo se sentar enquanto estivesse de vigia. No meio da noite, de repente, teve a sensação de que tudo estava ficando muito claro, como se houvesse uma luz muito forte ou se estivesse amanhecendo. Olhou em volta para ver de onde vinha aquela claridade e viu que o Pássaro de Fogo estava pousado no galho da macieira, bicando uma maçã de ouro.

Bem devagarinho, sem fazer barulho nem ter movimentos bruscos, o príncipe Ivan se aproximou da ave e, de repente, se lançou sobre ela e agarrou-a pela cauda. O pássaro, assustado, se sacudiu e levantou voo para não ser preso, preferindo perder uma pena e deixá-la para trás nas mãos do tsarévitche Ivan.

Quando o dia raiou, o príncipe entregou a pena ao pai e contou que tinha descoberto o ladrão, mas não conseguira prendê-lo. Depois, durante várias noites, montaram guarda reforçada à macieira, mas o Pássaro de Fogo nunca mais voltou e as maçãs não foram mais roubadas.

A maravilhosa pena do pássaro, dourada e de cores que mudavam como o fogo, ficou guardada com o tsar. Volta e meia ele a olhava, suspirava e cobiçava ser o dono daquela ave encantada. Então os filhos decidiram sair em busca do Pássaro de Fogo. Despediram-se do pai, montaram a cavalo e cada um partiu numa direção.

Depois de muitos dias de viagem, o tsarévitche Ivan chegou a uma encruzilhada que se dividia em três caminhos. No ponto onde eles se encontravam, havia uma pedra com uma inscrição: "Quem seguir em frente terá fome e frio. Quem seguir à direita sairá são e salvo, mas perderá seu cavalo. Quem escolher a esquerda morrerá, mas seu cavalo estará são e salvo".

O príncipe escolheu o caminho da direita. Daí a pouco, sentindo cansaço, resolveu apear. Prendeu a rédea do animal num galho baixo, recostou-se num tronco, fechou os olhos e adormeceu. Quando acordou, viu que sua montaria desaparecera. Saiu caminhando à procura do animal. Andou, andou, andou. Só depois de muito tempo encontrou os arreios espalhados numa clareira, junto à carcaça de um cavalo, roído até os ossos.

Desesperou-se. Como poderia seguir viajando sem seu cavalo? Além do mais, gostava do animal e estava se sentindo muito sozinho sem ele, imaginando como o bicho devia ter sofrido ali naquele lugar, atacado e devorado pelas feras.

De repente, sentiu que um animal se aproximava. Virou-se e viu um enorme lobo cinzento que lhe perguntou:

– Que tristeza é essa?

– Acabo de descobrir que meu cavalo foi morto. Como vou viajar sem meu companheiro inseparável de tantos anos?

– Tristeza de um, sorte de outro. Eu estava a ponto de morrer de fome quando esse animal cruzou meu caminho. Fui eu que devorei seu cavalo. Então agora fico com a obrigação de ajudar você em sua viagem. Para onde você quer ir? Por que está tão longe de casa?

O príncipe contou sua história e o lobo lhe disse:

– Monte em minhas costas e eu o levo.

E assim seguiram viagem, a uma velocidade incrível, passando por bosques e lagos, montanhas e vales, até chegarem junto a uma imensa fortaleza de pedra no alto de um despenhadeiro. O lobo então disse ao tsarévitche:

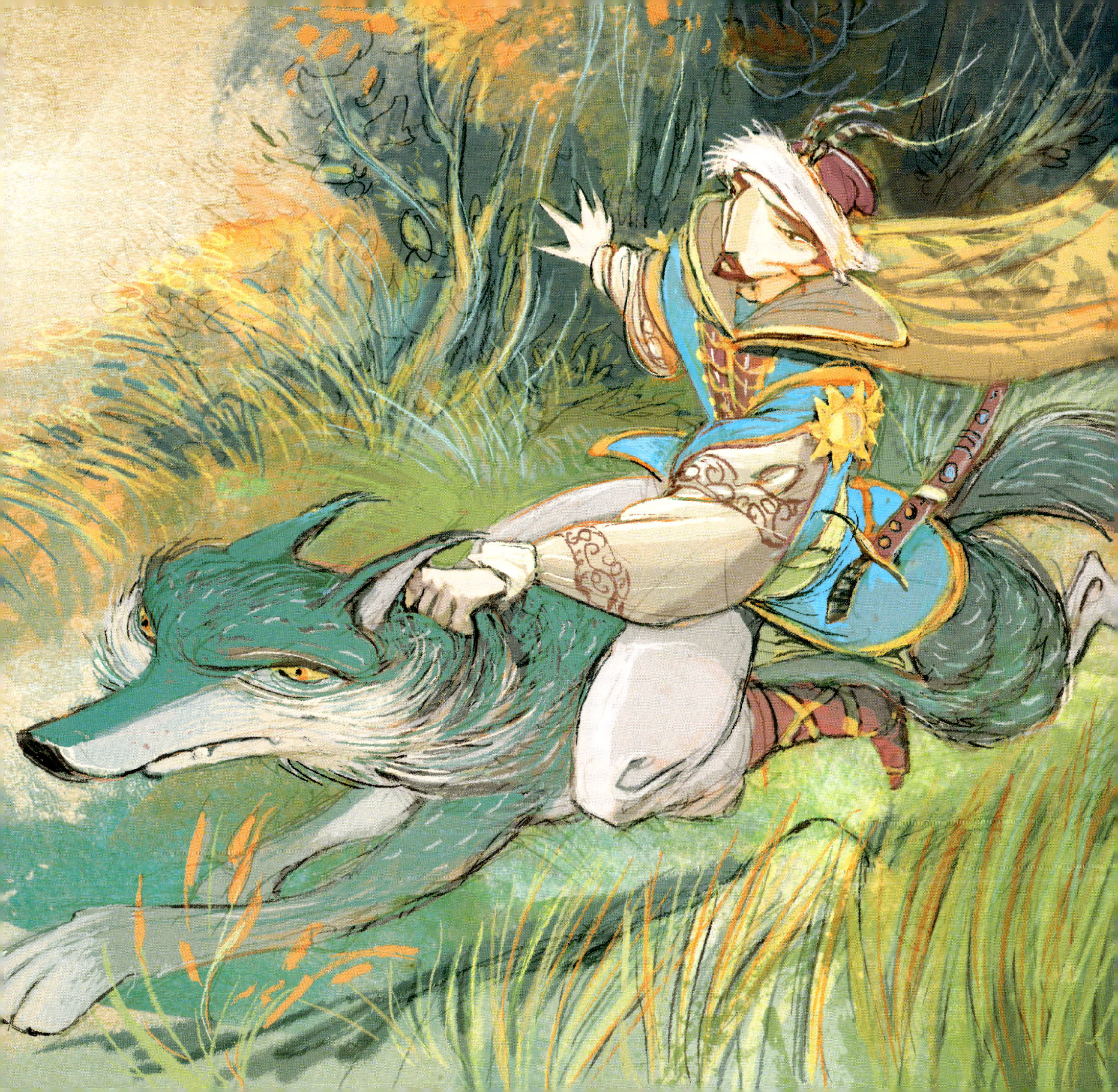

– Naquela torre mais alta é que vive o Pássaro de Fogo. Não tenha medo. A esta hora, todos os guardas estão dormindo. Escale essas paredes de pedra até aquela janelinha bem lá em cima. Pendurada nela está uma gaiola de ouro. Dentro da gaiola está a ave encantada que você procura. Abra a portinhola e a pegue com cuidado. Mas preste bastante atenção para não tocar nas barras da gaiola.

O príncipe foi seguindo as instruções do lobo cinzento. Escalou as paredes de pedra, chegou até a janela, encontrou a gaiola, abriu a portinhola e pegou o Pássaro de Fogo, adormecido. Aninhou-o com cuidado junto ao peito. Quando já ia começando a descer, olhou a gaiola e pensou que era uma peça tão preciosa... Não havia motivo para deixá-la para trás. E desobedeceu às recomendações do lobo.

Assim que pegou a gaiola, todas as trombetas que havia no palácio tocaram ao mesmo tempo, todos os tambores marcaram o ritmo e todos os guardas acordaram, inclusive o que estava junto à janela pelo lado de dentro – que esticou o braço e agarrou Ivan ali mesmo. Num instante o rapaz já estava sendo levado à presença do tsar daquele reino, furioso com a tentativa de roubo.

Quando ficou sabendo que Ivan era um príncipe, filho do tsar de um reino vizinho, não se conteve:

– Que vergonha! Um príncipe ladrão! Onde já se viu uma coisa dessas? Vou mandar contar a todo mundo...

O tsarévitche respondeu à altura:

– Vergonha também é a sua. Toda noite o seu Pássaro de Fogo ia ao nosso reino roubar uma das maçãs de ouro de meu pai. Vim buscar o pássaro para puni-lo. Todo mundo também vai ficar sabendo que Vossa Majestade tinha um animal muito bem treinado para ser ladrão.

– Mas vocês deviam era ter reclamado. Ou vir me pedir o Pássaro de Fogo francamente, como indenização. Eu teria dado. Admiro muito seu pai e seria um prazer lhe mandar um presente, se fosse pedido honestamente. Desse jeito, eu vou é espalhar que ele tem um filho ladrão...

Fez uma pausa, pensou um pouco e acrescentou:

– A não ser que você pague com uma espécie de multa... Você mostrou que é muito bom ladrão. E argumenta bem. Então eu vou perdoá-lo, se me prestar um serviço. Em outro reino aqui perto, existe um cavalo de crina de ouro. Traga-o para mim. Em troca, eu lhe dou o Pássaro de Fogo e sua gaiola dourada.

Quando Ivan saiu do castelo, encontrou o lobo cinzento à sua espera, junto à floresta.

– Eu avisei... Por que você não seguiu meus conselhos?

– Desculpe, lobo, foi mesmo minha culpa. Mas agora estou encrencado.

– Não. Eu vou te ajudar. Quando a gente começa uma coisa deve terminar. Monte em mim e vamos em frente.

E lá se foram a galope até o outro reino, onde chegaram tarde da noite. O lobo parou diante das cavalariças reais e explicou que naquela hora todos os guardas estavam dormindo. E lá dentro estava o cavalo de crina de ouro.

– É só entrar e pegar. Mas tome muito cuidado para não tocar nuns arreios de ouro que estão pendurados na baia.

O tsarévitche entrou e logo encontrou o cavalo, deslumbrante, com sua crina brilhante de ouro. Abraçou o pescoço do animal e vinha saindo com ele quando viu os arreios magníficos, de ouro e pedras preciosas, pendurados ali pertinho. Não resistiu e resolveu pegá-los também. Assim que tocou na rédea, soaram todas as trombetas do palácio, bateram todos os tambores e despertaram todos os guardas. Num instante o príncipe Ivan já tinha sido levado à presença do rei.

Quando disse quem era, toda a corte caiu na gargalhada:

– Um tsarévitche, filho de um tsar, preso como ladrão de cavalos, como se fosse o mais reles e safado dos camponeses... Que vergonha!

Desta vez, Ivan não tinha argumentos. O tsar continuava:

– Mas eu estou precisando mesmo de um ladrão bem hábil. Se você me prestar um serviço, eu o perdoo. Eu quero me casar com a princesa Helena Belíssima, a filha do rei da Dalmácia. E ele não quer deixar. Então vá até lá e a traga para mim. Se der certo, eu lhe dou o cavalo de crina de ouro e os seus arreios preciosos.

Novamente o príncipe se viu com um encargo complicado. Novamente, pediu desculpas ao lobo cinzento por não ter seguido seus conselhos. Novamente, o animal encantado resolveu ajudá-lo. Ivan montou em seu dorso e partiram a galope. Quando chegaram ao castelo do rei da Dalmácia, logo viram Helena Belíssima pelo portão gradeado do jardim, passeando entre as flores com seu séquito de damas. Mas, dessa vez, o lobo cinzento resolveu fazer diferente:

– Você é um trapalhão e não consegue fazer nada direito. Agora, quem vai sou eu. Enquanto isso, vá regressando para casa. Pegue logo o caminho de volta e eu encontro você mais adiante.

O tsarévitche Ivan deu meia-volta e o lobo pulou o muro do jardim. Ficou um tempo escondido atrás de um arbusto esperando um bom momento. Quando Helena Belíssima ficou um pouco separada das damas, o animal chegou até junto dela, convenceu-a a sentar em seu dorso, pulou o muro de volta e fugiu a galope.

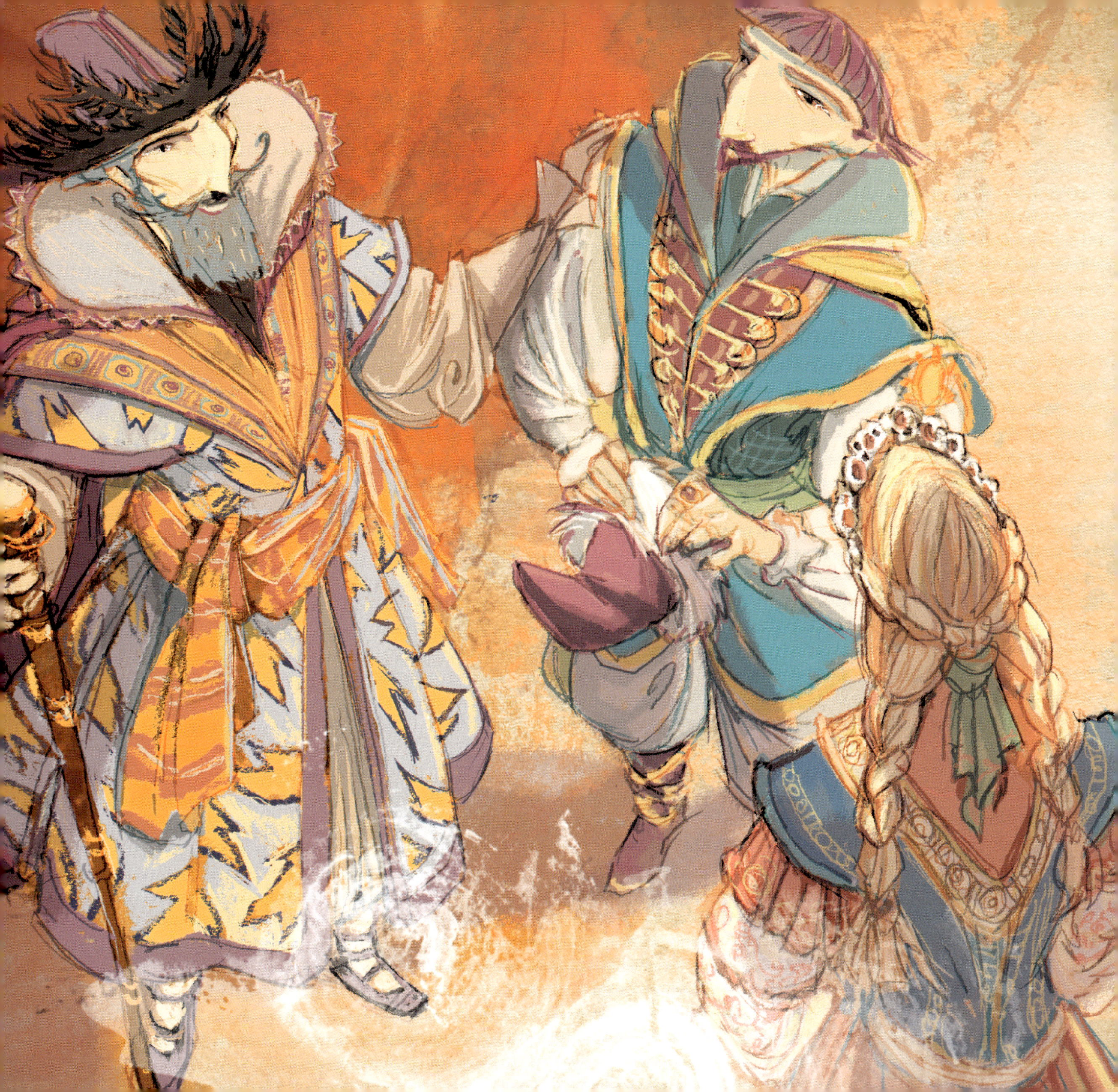

Num instante alcançou o príncipe Ivan, que ficou muito contente por ver Helena Belíssima ali com eles. Mas nem teve tempo de ficar admirando tanta beleza porque o lobo cinzento logo ordenou que ele montasse também, para fugirem depressa, estavam sendo perseguidos por guardas montados em corcéis muito velozes. E assim atravessaram montes e vales, até chegarem ao reino onde deviam entregar a moça.

Ao se aproximarem do castelo, o lobo percebeu que o príncipe estava com um ar muito triste:

– O que foi agora? – perguntou.

– Não me conformo em entregar ao tsar uma princesa tão linda em troca de um cavalo.

O lobo suspirou, mas deu um jeito:

– Então vamos escondê-la naquela cabana ali. Deixe que eu resolvo isso com um encantamento, mas ele não dura muito.

Deixaram a princesa escondida na cabana. Em seguida, o lobo deu uma pirueta e se transformou numa cópia igualzinha da princesa, que o príncipe levou até o tsar.

– Obrigado – disse ele. – Agora que eu tenho minha noiva, você pode levar o cavalo de crina de ouro e seus arreios preciosos.

Ivan então montou no corcel encantado e partiu em busca da Helena Belíssima verdadeira, lá na cabana da floresta. Assim que a encontrou, partiram de volta para casa, montados no cavalo de crina de ouro. Enquanto isso, no palácio, o rei festejava o casamento, numa festança que durou o dia inteiro. De noite, na hora de se recolher, o tsar levou um susto: em vez de uma princesa belíssima, quem estava a sua espera era um enorme lobo cinzento, de goela aberta e dentes afiados. O pavor foi tão grande que ele saiu correndo, e o lobo aproveitou para escapar a todo galope.

Logo encontrou o casal em fuga e seguiram viagem.

Quando iam chegando ao reino vizinho, o lobo notou que o príncipe estava tristonho:

– E essa tristeza agora, tsarévitche? Por que está assim?

– Ah, me dá uma pena danada ter de entregar um cavalo magnífico como este, com arreios tão preciosos, por um Pássaro de Fogo que não tem utilidade nenhuma.

Mais uma vez, o lobo se dispôs a ajudar:

– Deixa comigo. Esconda a princesa e o cavalo e eu dou um jeito, com um encantamento que não dura muito.

Assim foi feito. O tsarévitche Ivan escondeu a princesa Helena Belíssima e o cavalo de crina de ouro num ponto bem fechado da floresta. O lobo deu uma pirueta e se transformou num cavalo igualzinho ao que estava escondido, e o príncipe o levou até o rei que, em troca, lhe deu o Pássaro de Fogo e a gaiola dourada.

Ivan saiu a pé carregando seu novo tesouro até encontrar a princesa e o cavalo verdadeiro. Montaram o animal e saíram a galope pelo caminho de volta.

Enquanto isso, o tsar resolvera dar um passeio montado em seu cavalo de crina de ouro. Mas quando mandou selá-lo, viu em seu lugar um lobo cinzento. Levou um susto tão grande que caiu desmaiado e nunca mais quis saber de cavalgadas. Nem ia conseguir montar aquele animal, porque o lobo já fugira e estava longe.

Num instante já estava junto do tsarévitche Ivan, que o esperava junto à encruzilhada dos três caminhos, onde havia a pedra com a inscrição.

– Bom, agora devemos nos despedir – disse o lobo. – Vou ficando por aqui. Mas voltaremos a nos encontrar, porque você ainda vai precisar de mim.

O príncipe não imaginava por que ainda poderia precisar dele, mas se despediu com muitos agradecimentos, fazendo curvaturas e abraçando o animal. Depois, seguiu viagem com a princesa, montados no corcel de crinas de ouro e levando a gaiola com o Pássaro de Fogo.

Quando se cansaram, pararam para beber água e comer um pedaço de pão e resolveram dormir um pouco junto à fonte. Assim que adormeceram, chegaram os dois irmãos de Ivan, que voltavam para casa de mãos abanando. Quando viram o caçula com aquele cavalo magnífico, aquela princesa linda e o Pássaro de Fogo, resolveram matá-lo e ficar com todos aqueles tesouros.

Foi o que fizeram, rapidamente. Depois, ameaçaram a princesa de morte, se ela contasse a seu pai qualquer coisa sobre o que acontecera, e rumaram para o palácio, deixando o corpo de Ivan caído, atraindo os corvos.

Quando o primeiro corvo ia bicá-lo, surgiu num salto o lobo cinzento e o abocanhou. Era um filhote e o corvo-pai implorou que o animal poupasse seu filho:

– Só se você for rapidamente buscar um pouco de água da morte e um pouco de água da vida. Depressa!

O corvo saiu voando a toda velocidade. Num instante estava de volta com o que o lobo havia pedido, em dois pequenos frascos. O lobo pingou a água da morte nas feridas de Ivan e elas morreram, se fechando. Em seguida, jogou água da vida sobre o corpo e Ivan reviveu, acordando:

– Ah, como dormi bem...

– Dormiu mesmo – disse o lobo. – E não ia acordar nunca se eu não estivesse por perto. Teus irmãos te mataram, pegaram o Pássaro de Fogo, o cavalo encantado e a princesa. A esta altura já estão longe daqui. Monte em minhas costas.

Ivan montou e os dois se foram a galope. Quando alcançaram os irmãos, o lobo saltou sobre eles e os fez em pedacinhos – que, desta vez, os corvos puderam comer.

Finalmente, Ivan podia se despedir do lobo cinzento para sempre, com milhares de agradecimentos. Voltou para casa e deu o Pássaro de Fogo ao pai, com sua bela gaiola de ouro. Mas ficou com o cavalo de crina de ouro e seus arreios preciosos.

Depois se casou com Helena Belíssima e viveram felizes por muito tempo.

O BELO FALCÃO FINIST

Era uma vez um camponês que ficou viúvo e tinha três filhas. As duas mais velhas só pensavam em se enfeitar, mas a mais moça, Mariusca, procurava ajudar o pai a tomar conta da casa, da horta, do pomar, dos pequenos animais que eles criavam.

Um dia, quando ele estava indo ao mercado vender as frutas, legumes, ovos e queijos que produziam, perguntou às filhas se queriam que lhes trouxesse alguma coisa.

– Ah, vê se encontra para mim um xale grande e bem bonito, com flores bordadas e franja comprida – disse a primeira.

– Pode trazer um para mim também. Parecido, mas diferente – disse a segunda.

– Ah, pai, me traz só uma pena do belo falcão Finist – disse Mariusca, que ouvira muitas histórias desse pássaro maravilhoso. – Pode ser pequenina, pode ter caído de tão velha, não faz mal.

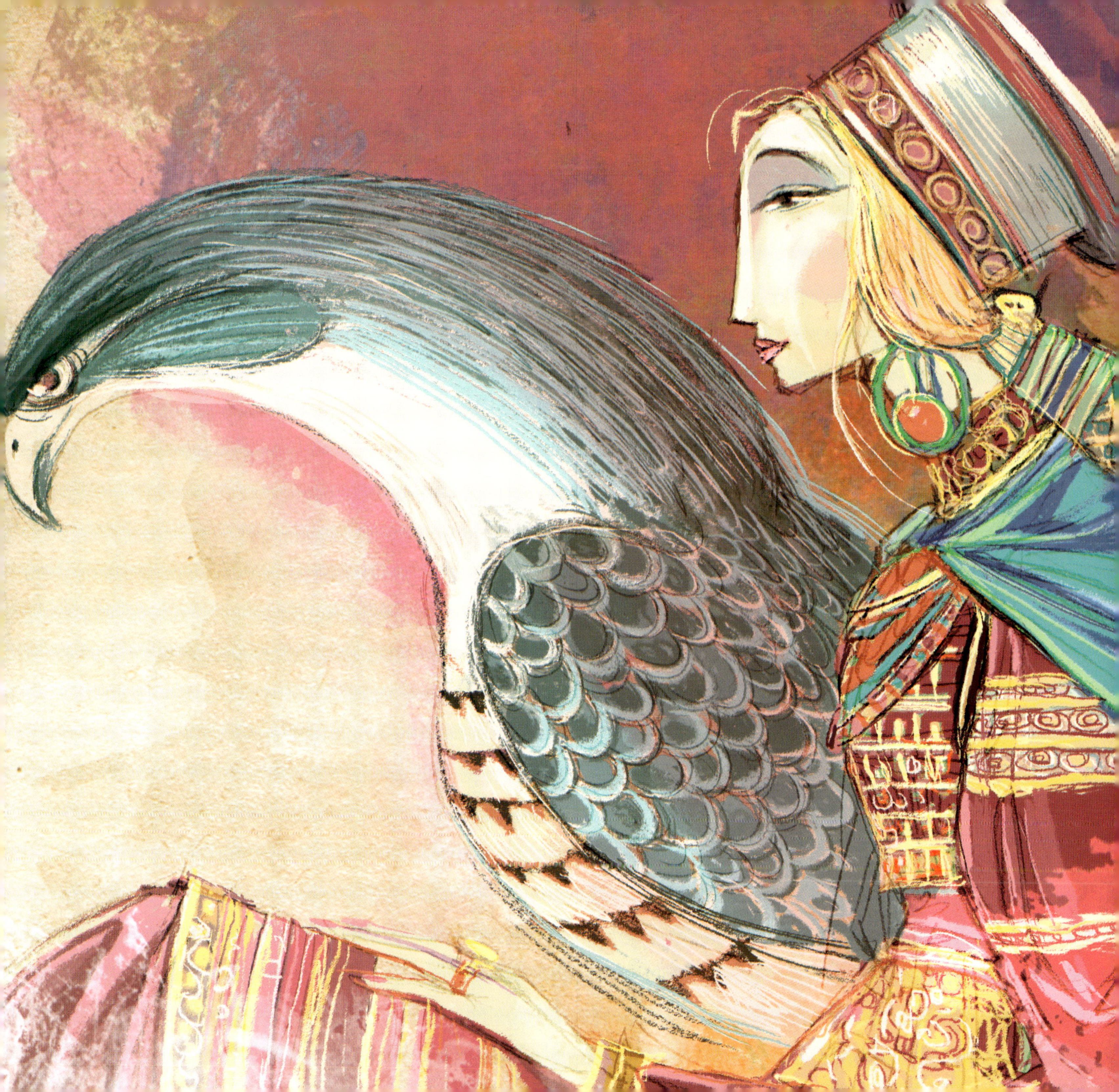

O pai voltou com os dois xales, mas sem a pena, que não encontrara. Mas Mariusca não se importou.

Daí a mais um tempo, quando chegou a vez de ir ao mercado novamente, ele tornou a perguntar às filhas se queriam alguma coisa.

– Ah, vê se encontra para mim um par de botinas novas, com fivela de prata – disse a primeira.

– Pode trazer um par também para mim. Botinas iguais às dela, mas de outra cor – disse a segunda.

– Ah, pai, me traz só uma pena do belo falcão Finist – disse Mariusca. – Mesmo que seja pequenina, não faz mal.

O pai procurou por todo o mercado, mas não achou. Voltou apenas com as botinas das duas mais velhas.

Depois, mais uma vez, o pai foi ao mercado e fez a mesma pergunta às filhas.

– Ah, vê se encontra para mim um belo vestido novo – disse a primeira.

– Pode trazer um para mim também. Parecido com o dela, mas diferente – disse a segunda.

– Ah, pai, me traz só uma pena do belo falcão Finist – disse Mariusca. – Mesmo que seja pequenina, não faz mal.

Ainda dessa vez, o camponês procurou por toda parte, em todas as barracas do mercado, e não achou. Por isso, estava tristonho quando tomou o caminho de casa. Na estrada, cruzou com um velhinho que o cumprimentou e perguntou por que estava com aquele ar tão preocupado.

– Ah, é porque eu tenho três filhas. Toda vez que venho ao mercado, levo alguma coisa que as duas mais velhas pedem. Mas a mais moça só quer uma pena pequenina do belo falcão Finist, e isso eu não acho nunca, volto para ela sempre de mãos abanando. Fico com pena de minha pobre Mariusca, que trabalha tanto e, a única coisa que me pede, eu nunca consigo lhe dar...

– Mas é só isso? Eu tenho uma. Gosto muito da minha pena da sorte, mas posso dar para sua filha. Leve para Mariusca...

E lhe estendeu uma peninha cinzenta e sem graça.

O pai não entendia por que a filha queria tanto uma coisa tão comum como aquela, mas ficou contente. Essa vez, quando chegou em casa, tinha os vestidos para dar às duas mais velhas e a pena para a caçula.

As irmãs ficaram rindo dela e zombando:

– Como você é boba! Por que não pediu um vestido?

– Ou uma blusa bordada... Se tivermos uma festa para ir, você vai enfiar essa pena no cabelo e pensar que está bonita?

Mas Mariusca ficou calada. Quando todos foram dormir, ela jogou a peninha no chão e murmurou:

– Querido Finist, meu belo falcão, noivo dos meus sonhos que há tanto tempo espero, apareça.

E surgiu à sua frente um jovem tão bonito que todas as palavras de um livro ou todas as cores de um quadro não conseguem descrever. Ficaram juntos toda a noite. De madrugada, logo antes do sol raiar, ele bateu no chão com o pé e virou um falcão. Ela abriu a janela e ele saiu voando.

E isso se repetiu por algumas noites. Até que as irmãs viram, quando amanhecia, que um grande pássaro saía voando pela janela de Mariusca. Foram se queixar ao pai, mas ele não deu importância.

– Deixem sua irmã em paz.

– Mas é um falcão, pode ser perigoso... – insistiram elas.

– Se ela precisasse de ajuda, pedia.

As irmãs mais velhas não se conformaram. E resolveram cercar de facas pontudas a esquadria da janela de Mariusca. Depois que escureceu e o falcão mergulhou de seu voo pelo alto do céu para entrar por ali, se chocou com a armadilha. As lâminas dilaceraram seu peito, mas sua noiva estava cansada e adormeceu. Não ouviu o pássaro se debatendo, ferido. Ele mal conseguiu dizer:

– Quem me quiser saberá me encontrar. Mas não vai ser fácil.

Com essas palavras, a moça acordou. Ainda ouviu as recomendações finais:

– Antes, vai ser preciso gastar três pares de tamanco, quebrar três cajados fortes e reduzir a trapos três chapéus, todos duros como ferro.

Mariusca levantou-se depressa, e ainda viu o pássaro voando para longe, com dificuldade. Na janela, as facas todas sujas de sangue lhe mostravam o que acontecera. Chorou muito. Tanto, que as lágrimas lavaram o sangue.

De manhã, disse ao pai:

– Desculpe, mas tenho de ir embora para bem longe, pai. Não se zangue comigo, mas preciso partir. A viagem será longa e vou precisar de três pares de tamanco, três cajados fortes e três chapéus, fortes, resistentes, duros como ferro. Se eu sobreviver, um dia volto. Se morrer, é porque meu destino era esse.

O camponês não entendia por que, mas tinha aprendido a respeitar a filha e ajudou-a a conseguir o que ela queria. Assim, Mariusca partiu na longa jornada em busca do seu bem-amado, o belo falcão Finist.

No início, correu tudo bem. Parecia que o mundo todo a ajudava. Ela atravessou campos, bosques, subiu montanhas. Os pássaros cantavam para ela, os riachos lhe davam água para se lavar e beber, as sombras a protegiam. Nenhum bicho fazia mal a ela. Mesmo os mais selvagens que se aproximavam, como a raposa, o lobo ou o urso, só vinham lhe fazer companhia. Mas mesmo assim ela andou muito. Gastou um par de tamancos todinho, acabou quebrando o cajado em que se apoiava e foi prendendo o chapéu em tantos galhos que ele acabou reduzido a farrapos.

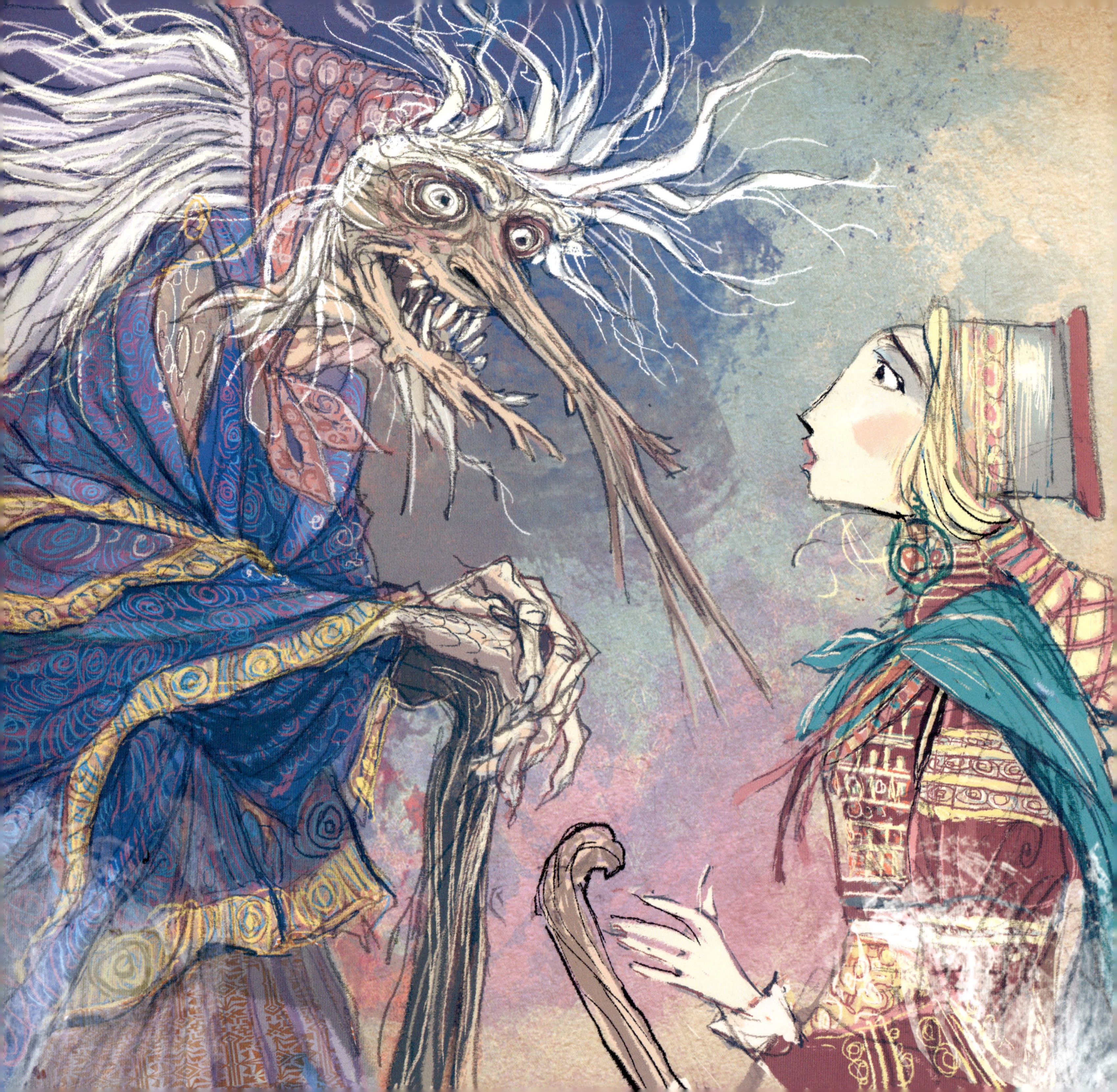

Finalmente, chegou a uma clareira e viu uma isbá, que é o nome que os russos dão a uma cabana de troncos. Mas não era uma isbá comum: estava construída a uma boa distância do chão, sobre colunas de troncos em forma de patas de galinha. E girava o tempo todo. Sinal de que ali morava uma Baba-Iagá. Quer dizer, uma mulher muito velha e muito feia, com poderes mágicos. Podia ser uma bruxa malvada ou uma sábia poderosa.

Mariusca não teve medo. Dirigiu-se à cabana e pediu:

– Preciso entrar, descansar e comer um pedaço de pão.

Isbazinha, isbazinha,
Pode ir parando assim:
Dê as costas para a floresta
E dê a frente pra mim.

A cabana parou de girar, justamente como ela pedira. Com a porta voltada para o ponto da clareira onde a moça estava. Ela entrou e lá dentro encontrou a Baba-Iagá, feia de doer, com uns pés enormes que saíam pela janela, uma boca desdentada e um nariz tão grande que, quando ela deitava, parecia até que ia bater no teto.

Quando a velha viu Mariusca, resmungou:

– Asca, isca, esca, sinto cheiro de carne fresca! Mocinha bonita, o que te traz aqui?

– Estou procurando o belo falcão Finist, avozinha.

– Ih, menina, você vai ter de procurar muito, por muito tempo... Ele está no alto de uma torre, no reino do fim da terra. A rainha de lá é uma tsarina-maga. Fez o falcão beber um elixir que o deixou encantado e se casou com ele. Mas você é uma moça valente e vou te ajudar. Vou te dar este pratinho de prata e este ovo de ouro. Quando você chegar lá, dê um jeito de trabalhar de criada para a tsarina. Quando acabar seu serviço do dia, pegue o pratinho de prata e coloque o ovo nele. Ele vai rolar sozinho, não se preocupe. Só não o venda. Se te pedirem, diga que o dá em troca de ver Finist. O resto é com você.

Mariusca agradeceu muito. Comeu, bebeu, descansou e depois seguiu viagem pela floresta. Mas estava de noite e muito escuro, dava medo. Ela pensou em parar, mas de repente um gato pulou à sua frente, esfregou as costas nas pernas dela, ronronando, e deu uns miadinhos amigos. Depois disse:

– Não tenha medo, mas não pare. Nem olhe para trás. Mesmo que pareça assustador. Não vai te acontecer nada.

Mariusca achou o jeito do gato tão amigável que confiou nos conselhos dele, mesmo quando o bicho sumiu. Andou a noite toda pela floresta escura e cheia de barulhos estranhos. Tropeçou, arrastou os pés por pedras ásperas que gastaram seus tamancos, esbarrou em obstáculos que não sabia o que eram, quebrou seu cajado, sentiu galhos e espinhos que se agarravam em sua roupa e rasgavam seu chapéu. Mas não parou nem olhou para trás.

Quando o dia clareou, estava numa clareira onde havia outra isbá suspensa em suas colunas de pata de galinha, girando. Essa tinha uma cerca em volta. Cada esteio da cerca tinha um crânio no topo e dentro de cada crânio estava aceso um braseiro. Mariusca venceu o medo, pensando:

– Preciso entrar, descansar e comer um pedaço de pão.

Então, pediu:

– Isbazinha, isbazinha,
Pode ir parando assim:
Dê as costas para a floresta
E dê a frente pra mim.

A cabana parou de girar, justamente como ela pedira. Com a porta voltada para o ponto da clareira onde a moça estava. Ela entrou e lá dentro encontrou a Baba-Iagá que morava ali. Era feia de doer, com uns pés enormes que saíam pela janela, uma boca desdentada e um nariz tão grande que, quando ela deitava, parecia até que ia bater no teto.

Quando a velha viu Mariusca, resmungou:

– Asca, isca, esca, sinto cheiro de carne fresca! Mocinha bonita, o que te traz aqui?

– Estou procurando o belo falcão Finist, avozinha.

– Já esteve em casa de minha irmã?

– Já, sim, senhora. E ela me acolheu muito bem.

– Então você é valente. Também vou ajudar. Vou lhe dar este bastidor de bordar, todo de prata. E esta agulha de ouro. Se armar veludo vermelho no bastidor, a agulha vai bordar sozinha, com fios de ouro e prata. Mas, se alguém quiser comprar, não venda. Se pedirem, diga que pode dar em troca de ver Finist. O resto é com você.

Mariusca agradeceu muito. Comeu, bebeu, descansou e depois seguiu seu caminho pela floresta. Estava cada vez mais sinistro, cheio de barulhos estranhos e assustadores. Mas agora não estava mais escuro. Mesmo quando anoiteceu, ficava tudo iluminado por braseiros dentro de crânios. Dava muito medo.

De repente, um cachorro veio correndo em sua direção, cheirou-a, lambeu suas mãos e disse:

– Au, au! Não tenha medo, Mariusca! Siga em frente, minha pequena, não pare. Nem olhe para trás. Vai ficar cada vez mais assustador, mas nada de ruim vai lhe acontecer.

Acabando de dizer isso, o cachorro foi embora. Mas a moça confiou no conselho e foi adiante, sempre em frente, sem olhar para trás. Mesmo que tropeçasse muitas vezes, perdesse o apoio do último cajado que se quebrou, gastasse o último par de tamancos nas pedras

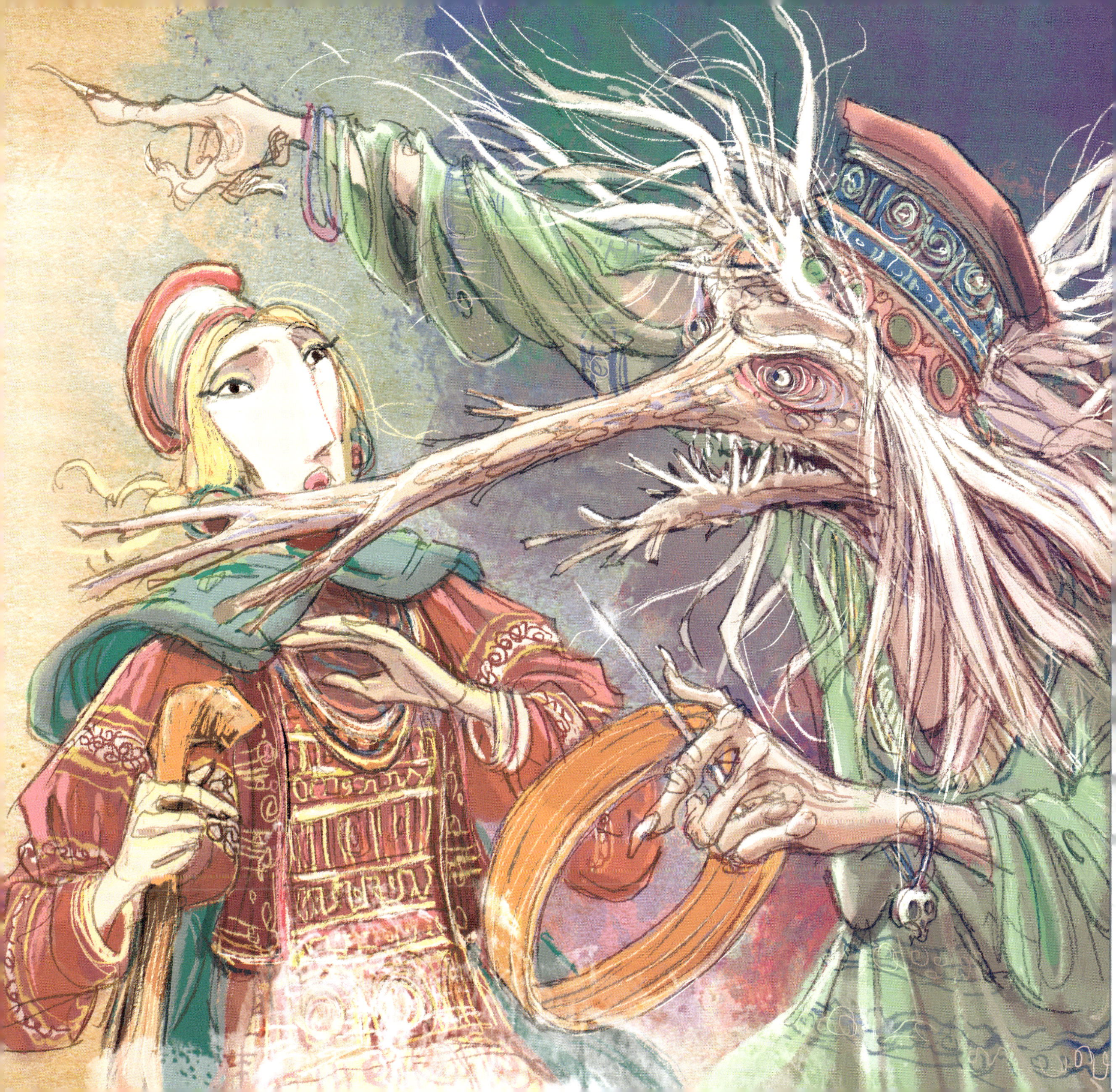

e visse seu chapéu ser reduzido a farrapos pelos espinheiros que o prendiam e dilaceravam.

Finalmente, chegou a mais uma clareira onde havia outra isbá suspensa em suas colunas de pata de galinha, girando. Essa também tinha uma cerca em volta. Cada esteio da cerca tinha um crânio no topo. Mas dessa vez eram crânios de cavalos e dentro de cada crânio estava acesa uma fogueirinha. Mariusca venceu o medo, pensando:

– Preciso entrar, descansar e comer um pedaço de pão.

Então, pediu:

– Isbazinha, isbazinha,
Pode ir parando assim:
Dê as costas para a floresta
E dê a frente pra mim.

A cabana parou de girar, justamente como ela pedira. Com a porta voltada para o ponto da clareira onde a moça estava. Ela entrou e lá dentro encontrou a Baba-Iagá que morava ali. Era feia de doer, com uns pés enormes que saíam pela janela, uma boca desdentada e um nariz tão grande que, quando ela deitava, ele quase batia no teto.

Quando a velha viu Mariusca, resmungou:

– Asca, isca, esca, sinto cheiro de carne fresca! Mocinha bonita, o que te traz aqui?

– Estou procurando o belo falcão Finist, avozinha.

– Já esteve em casa de minhas irmãs?

– Já, sim, senhora. E elas me acolheram muito bem.

– Elas não perdem essa mania... – resmungou a Baba-Iagá. – E agora? O que é que eu faço com você?

Pensou um pouco e continuou:

– Vou lhe ajudar. Tome este banquinho de prata e esta roca de ouro. Leve com cuidado. Quando você a segurar deste jeito aqui, ela vai fiar sozinha. E nada de fio comum, mocinha: vai ser um fio de ouro!

– Muito obrigada.

– Não agradeça, por enquanto. Você nem sabe o que ainda a espera. Tem muita coisa difícil ainda pelo seu caminho. Mas preste atenção no meu conselho: se alguém quiser comprar o banquinho e a roca, não venda. Só diga que pode dar em troca da garantia de ver Finist.

Mariusca guardou os agradecimentos, comeu, bebeu, descansou e depois seguiu viagem. A floresta fazia todos os barulhos que você imaginar: mugia, gemia, relinchava, assoviava, grunhia, latia, piava, rugia, estalava, rosnava, miava... Vai imaginando mais, enquanto agora quem descansa um pouco sou eu.

Já imaginou? Bom, então vamos continuar. Depois de muito andar, a moça viu que as corujas vinham voar em volta dela, os ratinhos saíam das tocas e a seguiam. De repente, apareceu um lobo cinzento e disse:

– Não fique triste. Ainda está muito longe e você nunca vai conseguir andar até lá. Mas pode estar quase chegando se tiver coragem de montar em mim, sem olhar para trás.

Ela teve. Na mesma hora, o lobo saiu correndo tão rápido que levantou voo. Passaram por cima de vastas estepes floridas, de pradarias férteis, de bosques no outono, de rios de bronze. Viram montanhas cobertas de neve com os picos perdidos nas nuvens. Finalmente, quase no fim das terras, junto do mar, apareceu um palácio de cristal, com torres soberbas, janelas trabalhadas, fachada enfeitada.

– Chegamos – disse o lobo. – Agora é com você. Vá lá se oferecer para trabalhar como criada.

Mariusca agradeceu e foi. A tsarina-maga disse que estava mesmo precisando de alguém que soubesse fiar, tecer e bordar. E, assim, a moça ficou trabalhando no palácio.

Toda noite, quando era hora de se recolher, ela pegava o pratinho de prata e o ovo de ouro e dizia:

– Gira, gira, gira e me mostra se meu amado ainda respira.

O ovo girava em cima do pratinho, ficava cada vez mais brilhante e depois mostrava a imagem do belo falcão Finist, sob a forma do príncipe, dormindo tranquilo, respirando suave. Só Mariusca via bem para distinguir quem era. Só podia mesmo ver, mas já ficava mais tranquila por saber que ele estava bem.

Uma noite, a tsarina-maga viu aquela cena e cobiçou o ovo para ela. Pediu à criada:

– Mariusca, me venda esse pratinho de prata e esse ovo de ouro...

– Não posso, Alteza, para que eles não percam o encantamento. Mas posso lhe dar se em troca eu puder ver de perto o belo falcão Finist.

A tsarina pensou um pouco e concluiu que não haveria nenhum perigo naquilo, porque o belo falcão Finist não ia mesmo acordar. Então concordou. Ganhou o pratinho e o ovo e, na noite seguinte, levou Mariusca até o quarto do rapaz, que dormia um sono profundo.

A maga estava tão confiante que deixou os dois sozinhos. A moça ficou horas olhando para ele. Acariciou-o, beijou-o, deu-lhe um abraço. Mas ele nem se mexia, apenas ressonava tranquilo. E, quando o dia raiou, ela não conseguira acordar seu amado nem falar com ele.

Passou o dia inteiro trabalhando. Quando entardeceu, pediu à tsarina-maga um manto de veludo vermelho para bordar. E logo começou, com seu bastidor de prata e sua agulha de ouro, depois de dizer:

– Minha agulhinha de ouro,
Vamos logo trabalhar.
Bordemos um belo manto
Pra meu amado agasalhar.

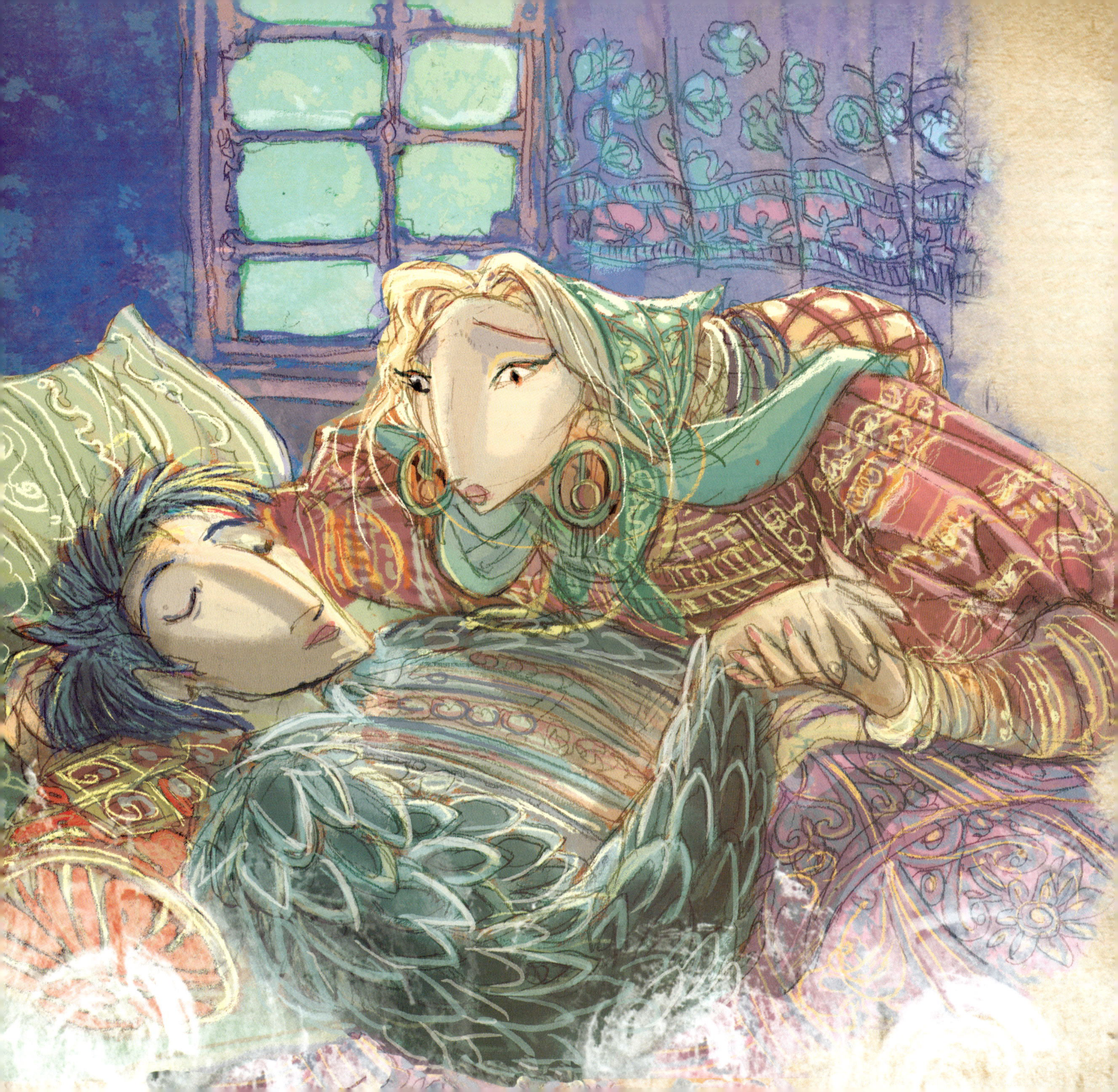

Rapidamente, a agulha começou a bordar sozinha e foi surgindo uma barra de fios de ouro pelas beiradas do manto. A tsarina entrou no quarto de repente, viu aquilo e quis comprar o bastidor e a agulha.

– Não posso, Alteza, para que eles não percam o encantamento. Mas posso lhe dar se em troca eu puder, mais uma vez, ver de perto o belo falcão Finist.

A tsarina pensou um pouco e concluiu que não haveria nenhum perigo naquilo, porque tinha certeza absoluta de que o belo falcão Finist não ia mesmo acordar. Então concordou. Ganhou o bastidor e a agulha e, na mesma noite, levou Mariusca até o quarto do rapaz, que dormia um sono profundo. Estava tão confiante que deixou os dois sozinhos. A moça ficou horas olhando para ele. Acariciou-o, beijou-o, deu-lhe um abraço. Mas ele nem se mexia, apenas ressonava. Não era um sono tão tranquilo como da outra vez, porque às vezes ele se mexia, meio agitado, trocava de posição. Mas era profundo.

Bem que Mariusca tentou acordá-lo. Chamou-o pelo nome, sacudiu-o com força. Não adiantou nada. Ele continuava dormindo, um sono pesado. E, quando o dia clareou, ela teve de ir embora.

No final do dia seguinte, exausta de trabalhar uma jornada dura depois de ficar acordada a noite inteira, Mariusca sentou em seu banquinho de prata diante de sua roca de ouro. Segurou-a do jeito especial que a Baba-Iagá tinha lhe ensinado e, no mesmo instante, a roca começou a fiar sozinha um fio de ouro. A tsarina-maga, que a esta altura já ficava cobiçosa vigiando os objetos mágicos daquela estranha criada, logo lhe pediu para comprar estes também. Como das outras vezes, Mariusca explicou que não podia vender, mas podia dar em troca de passar uma noite com o belo falcão Finist. A rainha deixou, pensando que nunca fora tão fácil conseguir coisas tão preciosas, sem esforço algum.

Mas, nesta noite, Mariusca estava com o coração pesado. Sabia que era sua última oportunidade e não conseguia despertar o belo falcão Finist, apesar de ele estar dormindo um sono muito agitado desta vez. A moça o abraçou, acariciou e beijou. Não adiantou nada. Sacudiu-o, chamou por ele, deu-lhe uns tapas, molhou-o com a água de uma jarra que estava sobre a mesa. Nada.

Perdendo as esperanças, Mariusca abraçou o príncipe adormecido, deitou a cabeça dele em seu colo e começou a chorar. Então suas lágrimas caíram no rosto dele que entreabriu os olhos, se espreguiçou e olhou em volta. Ao ver a moça, abraçou-a apertado e exclamou:

– Que maravilha, Mariusca! É você mesma! E se está aqui é porque conseguiu gastar três pares de tamanco, quebrar três cajados e reduzir a trapos três chapéus, tudo forte e resistente, mais duro do que o ferro. O encanto está quebrado, para sempre. Vamos logo voltar para casa, minha querida.

Mas antes que conseguissem fugir, a tsarina-maga os surpreendeu e ordenou que fossem presos imediatamente, por traição.

O belo falcão Finist, porém, definitivamente transformado em príncipe, exigiu ser julgado por um conselho formado pelos ministros, juízes e principais mercadores do reino. A tsarina apresentou suas acusações de traição, lembrou que eles eram casados. Mas ele se defendeu:

– Senhores, nem vou lhes pedir que acreditem na verdade, de que eu já era casado com Mariusca quando a tsarina me encantou e inventou este outro casamento que não vale nada. Mas só lhes peço uma coisa, para nos julgarem. Basta responder a uma pergunta.

Mostrou a eles os tamancos gastos, os cajados quebrados e os chapéus estraçalhados. Explicou que eles tinham se destruído durante a jornada de Mariusca em sua busca. Então perguntou:

– Quem é a melhor esposa e deve ser considerada a verdadeira? Aquela cujo amor é mais sólido do que o ferro ou a que troca o marido por um pouco de ouro e prata?

Todos concordaram que Mariusca era a melhor e deixaram o casal voltar para casa. Lá, foram recebidos com muita alegria pelo pai dela, que vivia sozinho porque as irmãs tinham se casado e ido morar em outros lugares.

Ela e o príncipe fizeram uma grande celebração, com um banquete delicioso, muita música e fogos. E até hoje se fala na festança.

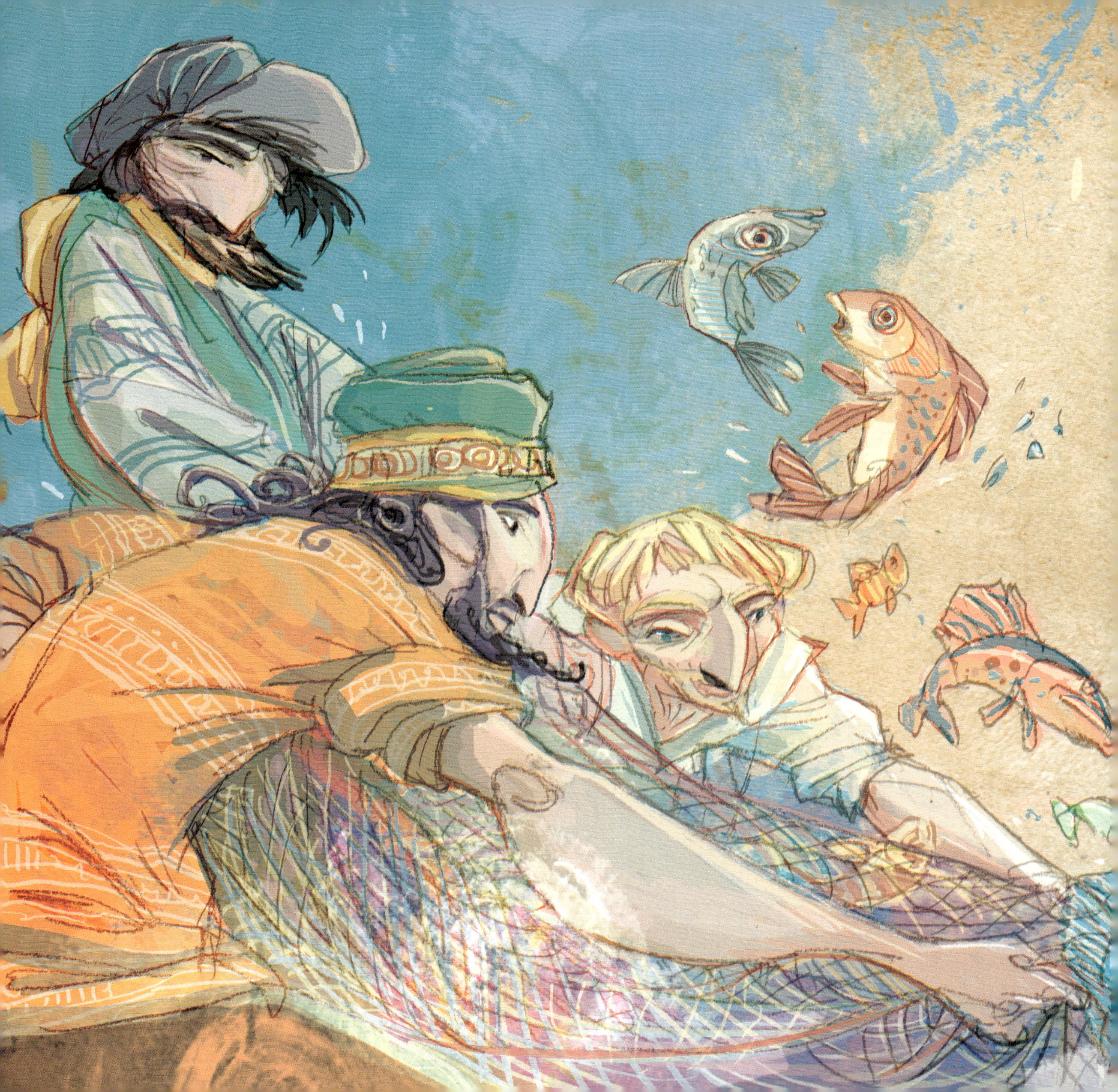

O VELHO DO MAR

Era uma vez uma aldeia de pescadores lá no fim das terras russas, perto da foz de um rio, quase onde começa o mar de onde nasce o sol. Um lugar muito, muito frio, onde as focas e os ursos-brancos gostam de viver.

Como fazia muito frio e nevava, às vezes tudo ficava gelado nas aldeias. Até os rios, os lagos e o mar congelavam. Mas antes que chegasse o inverno, era muito bom de pescar. Então todo mundo se mudava para a margem do rio – homens, mulheres e crianças.

Os homens aproveitavam para sair da aldeia, montar perto da água suas tendas arredondadas e fazer uma boa provisão de peixes – que as mulheres limpavam e salgavam, ou preparavam em conserva bem temperada, guardada em vidros fechadinhos, para durar por muitos meses. As crianças ajudavam ou brincavam entre os adultos.

Quando havia muito peixe, era uma festa. Por causa da fartura, todos comiam bem. Tocavam e cantavam para festejar enquanto trabalhavam. E dançavam de noite junto ao fogo para se esquentar.

Um dos mais animados era um jovem pescador que também era músico. Tocava gaita muito bem, estava sempre alegre e brincalhão. Todos gostavam dele.

Mas, quando a pesca se tornava escassa, era uma tristeza: ficavam todos encolhidos, sem música, enquanto as mulheres abraçavam as crianças, os homens, silenciosos, fumavam seus cachimbos.

Mesmo o pescador-músico perdia a animação.

Numa dessas vezes em que faltou peixe, as coisas estavam mesmo muito difíceis. Nenhum cardume subia o rio. E se os barcos descessem por ele até o mar, não adiantava jogar a rede ou lançar as linhas na água, porque nenhum peixe se aproximava.

– O que será que está havendo? – perguntou o rapaz a seu pai, um dos melhores pescadores da aldeia, conhecedor de muitos segredos do mar.

– Não sei – foi a resposta.

Mas depois que o pai pensou um pouco mais, acrescentou:

– Pode ser que tenha acontecido alguma desgraça com o Velho do Mar. Ou, então, ele nos abandonou. Esqueceu de nós.

– O Velho do Mar? – estranhou o filho.

– Isso mesmo – confirmou o pai. – Meu avô às vezes me falava nele. E meu bisavô também falava com meu pai. É quem controla os peixes que pescamos. Sem a boa vontade dele, não temos jeito.

Ouvindo essa resposta, o rapaz resolveu fazer alguma coisa. Pegou uns anzóis e linha de pesca, enrolou tudo com cuidado num pedaço de pano grosso e guardou numa trouxa.

Depois, vestiu o casaco, pendurou a trouxa no ombro, botou o chapéu. Pegou sua gaitinha, da qual não se separava, e anunciou:

– Vou procurar o Velho do Mar e pedir a ele que nos mande peixe.

E lá se foi, caminhando pela margem do rio, seguindo a direção da correnteza que descia.

Andou, andou, até que chegou à foz, onde a água doce se encontrava com a salgada. Viu a boca do rio se abrindo até ele se misturar com o mar. Tinha chegado ao oceano.

O rapaz olhou em volta e achou aquela paisagem selvagem muito bonita. Viu a faixa de areia que se estendia diante da água. Viu as ondas que se quebravam em meio de muita espuma. Viu as gaivotas voando no céu ou ciscando pela praia, com fome, sem nada para comer.

Viu muita coisa. Mas nada se parecia com o Velho do Mar e ele não sabia por onde começar sua busca.

De repente, ouviu vozes e risos. Escondeu-se atrás de uma pedra e olhou. Eram oito rapazes, alegres e bem-dispostos, com jeito de quem não estava passando fome, nem um pouquinho. Bem vestidos e bonitos como príncipes. Cada um tinha numa das mãos uma espada e na outra uma faca. Lutavam entre si, de brincadeira, dando gargalhadas. Até cansar.

Depois, deixaram as armas e as capas na areia e foram até a beira da água se refrescar, rindo e conversando, perto de onde havia uns barcos na praia. Pareciam estar se divertindo muito.

O pescador aproveitou que estavam distraídos e jogou sua linha com o anzol. No seco mesmo, em direção ao monte de roupas e objetos que ficara ali, na areia.

Conseguiu puxar uma das espadas. Ficou mais tranquilo. Agora não estava mais totalmente desarmado diante de um bando de estranhos. Não tinham cara de bandidos, mas eram muitos e podiam ser perigosos.

Por via das dúvidas, continuou escondido. Ia vigiá-los um pouco. Depois, talvez até pudesse lhes pedir alguma informação, quando tivesse certeza de que podia confiar neles.

Daí a pouco, os rapazes voltaram.

– Minha espada sumiu – disse um deles.

– Não é possível. Ninguém apareceu aqui para mexer em nossas coisas – respondeu um dos amigos.

– Tem certeza de que não está aí? – conferiu outro.

E mais outro insistiu:

– Espada não voa. Você acha que alguma gaivota levou?

– Não faço a menor ideia. Mas que sumiu, sumiu. E tenho certeza de que o Velho do Mar não vai gostar nada disso. Ah, se eu pego quem foi... Faço picadinho do ladrão.

O Velho do Mar... O pescador ouviu aquilo e prestou atenção. Era uma boa pista. Mas, com aquela ameaça, ficou hesitante em se mostrar e pedir informações. Era melhor continuar escondido, pensou. Se seguisse os rapazes, poderia encontrar quem procurava.

– Pois ele vai gostar menos ainda se nos atrasarmos – disse um dos rapazes.

– É mesmo – concordaram todos. – Vamos levar uma bronca.

Todos foram prendendo as armas na cintura, uma de cada lado. Ou se enrolando nas capas, rapidamente. Num instante já andavam em direção ao mar, cada um apressando os companheiros:

– Vamos embora, e depressa, que já passou da hora.

– Temos que voltar antes de a maré começar a baixar.

Entraram num dos barcos e se afastaram, remando.

Bem ligeiro, para não ficar para trás, o pescador escolheu um bote que estava mais adiante, na praia, empurrou-o para a água, entrou nele e foi seguindo o bando de estranhos.

Mas antes que se afastassem muito do litoral, de repente, sumiram de todo, por trás de alguma onda. No sobe e desce das águas, o jovem pescador os perdeu de vista. Não distinguia mais o outro barco em parte alguma. Por mais que procurasse, não havia sinal dos rapazes.

A única coisa que dava para distinguir na imensidão do mar azul era um cardume de filhotes de baleias, brincando. Um bando. O pescador foi contando. Eram oito. Mergulhavam levantando a cauda, sumiam, apareciam de novo, saltavam, usavam as nadadeiras para deslizar pelas águas.

De repente, ele sentiu que seu bote estava sendo levantado. Achou que era uma onda gigantesca, mas logo percebeu que estava nas costas de uma das baleias, mais lenta que as companheiras. Só que essa não nadava tão bem como as outras. Tinha algum problema e estava ficando para trás, cada vez mais atrasada, porque não tinha uma das nadadeiras.

Claro! Esse detalhe fez o pescador entender tudo: os rapazes na praia deviam ser baleias encantadas. As espadas e facas com que brincavam de lutar eram suas nadadeiras, uma de cada lado. Sem ter a menor intenção, ele tinha feito um mal terrível a um deles.

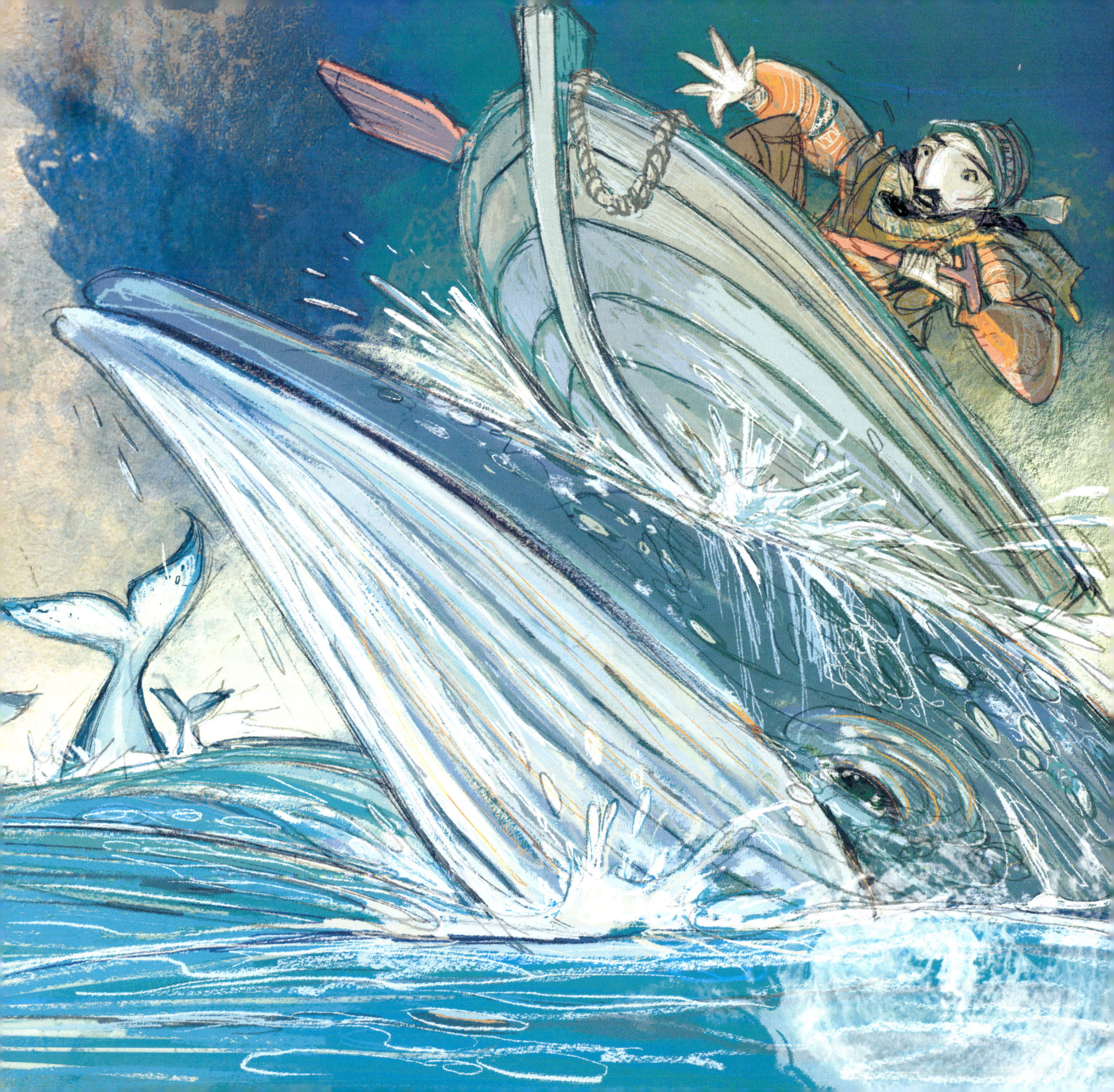

Será que ainda tinha jeito de consertar? Teve uma ideia e resolveu tentar. Rapidamente, pegou a espada que tirara e que trazia no fundo do bote, encostando-a no corpo do animal, alisou com carinho a pele do bicho, torcendo para que o encantamento ainda funcionasse.

Deu certo. Com a bocarra arreganhada num sorriso e o olhão brilhando, a baleia que o transportava ficou quieta um pouco, bem encostada na lâmina. Desse modo, a espada virou a parte de seu corpo que tinha desaparecido.

Com isso, o animal voltou a nadar bem depressa e logo alcançou os companheiros que nadavam em direção a uma ilhota que surgia no horizonte, meio arredondada no alto, como se fosse o telhado de uma tenda. Tinha até uma chaminé, de onde saía uma fumacinha.

Lá perto, o rapaz se lançou por entre as ondas e desceu até a praia. Na areia, reparou que, mais adiante, as baleias novamente se transformavam em jovens brincalhões e corriam para o interior da ilha. Tentou segui-los, mas não conseguiu.

De qualquer modo, ele estava decidido a procurar o Velho do Mar. Mesmo que fosse sozinho e sem nenhuma informação. O lugar onde ele morava podia ser por ali, naquela ilha.

Foi em frente, em direção da tal chaminé. Ainda mais que parecia estar se armando uma tempestade e ele precisava se abrigar. Era cada trovão que sacudia tudo. Na certa ia cair uma chuvarada.

Quando chegou lá perto, viu que era mesmo uma tenda gigantesca, bem parecida com tantas que já vira na vida. Só que tinha uma chaminé de conchas e pedras, dessas que o mar às vezes traz para a praia, ou a terra estende para as águas.

Procurou uma entrada, mas não encontrou. Então prendeu o anzol na borda de pedra da chaminé, jogou a linha para dentro e desceu por ela. Foi parar justamente na tenda do Velho do Mar.

Por dentro, até que era bem parecida com muitas outras que ele já tinha visto. Chão de terra batida, um mastro central para segurar as peles que a cobriam, uma cama rústica, um lugar para a fogueira que servia para aquecer e cozinhar. A diferença era que tudo era enorme e vinha do mar, feito de conchas de todo tipo, corais, escamas, algas, couro de foca ou baleia.

Num canto, coberto de algas imensas, dormia o Velho do Mar, todo descabelado. De cachimbo na boca – e essa era a fumaça que saía pela chaminé da tenda. E roncando – esse era o barulhão que sacudia a ilha e parecia com os trovões de uma tempestade se armando.

O rapaz viu que ia ter de acordar o velho, se quisesse falar com ele. Podia ser arriscado. O homenzarrão era capaz de ficar furioso. Mas não tinha jeito. Lembrou de todo mundo com fome na aldeia e compreendeu que não podia ficar ali sem fazer nada, esperando com paciência até o momento em que o sujeito se sentisse descansado e resolvesse despertar.

Podia levar muito tempo. Fome não espera. Sua gente dependia dele.

Primeiro chamou com delicadeza:

– Por favor, senhor Velho do Mar... preciso muito lhe falar. Será que o senhor poderia fazer a gentileza de acordar?

Nada.

Depois, o rapaz tocou de leve no gigante. Nada também. O grandalhão nem se mexeu.

Foi chamando mais alto e batendo no ombro dele com mais firmeza. Nada.

Daí a pouco já estava sacudindo o velho com toda força, aos berros:

– Acorde!

Nada. Só o ronco altíssimo. Cada vez mais alto, parecia.

Até que o pescador teve a ideia de tocar sua gaitinha.

Ótima ideia.

Ele tocava mesmo muito bem.

A melodia que saía do instrumento fazia pensar em pássaros cantando, água de riacho saltitando pelas pedras, esquilos correndo nos bosques de um lado para outro, abelhas zumbindo de flor em flor. Fazia sonhar com crianças brincando, moças bonitas cantarolando, brisa soprando pelo meio das folhas das árvores. Ou sapos a coaxar na lagoa, numa noite estrelada, conversando com os grilos.

O Velho do Mar nunca tinha ouvido nada parecido, tão leve e tão delicado. Assombrado, acordou imediatamente. Ficou ouvindo, deslumbrado, sentado com sua imensidão no chão da tenda, esfregando os olhos, admirado de ver por ali aquele músico. Como um rochedo enorme na praia, junto a um caranguejinho.

Curioso, perguntou:

– Quem é você?

Mesmo com medo daquele gigante esverdeado, de cabelos de alga, dentes de pérola e unhas de coral, o pescador respondeu quem era e de onde vinha.

– E o que foi que você veio fazer na minha ilha? – insistiu o velho, num vozeirão que parecia o barulho de muitas ondas se quebrando juntas, no fundo de uma gruta em dia de temporal.

O rapaz se sentia um camarãozinho diante de um tubarão, mas respondeu:

– Na minha aldeia está todo mundo com fome. Se o senhor não mandar uns peixes para a gente pescar, a gente vai morrer.

– Ora, vejam só! – exclamou o Velho do Mar, dando uma gargalhada. – Não é que você tem razão? Como é que eu pude ter dormido tanto?

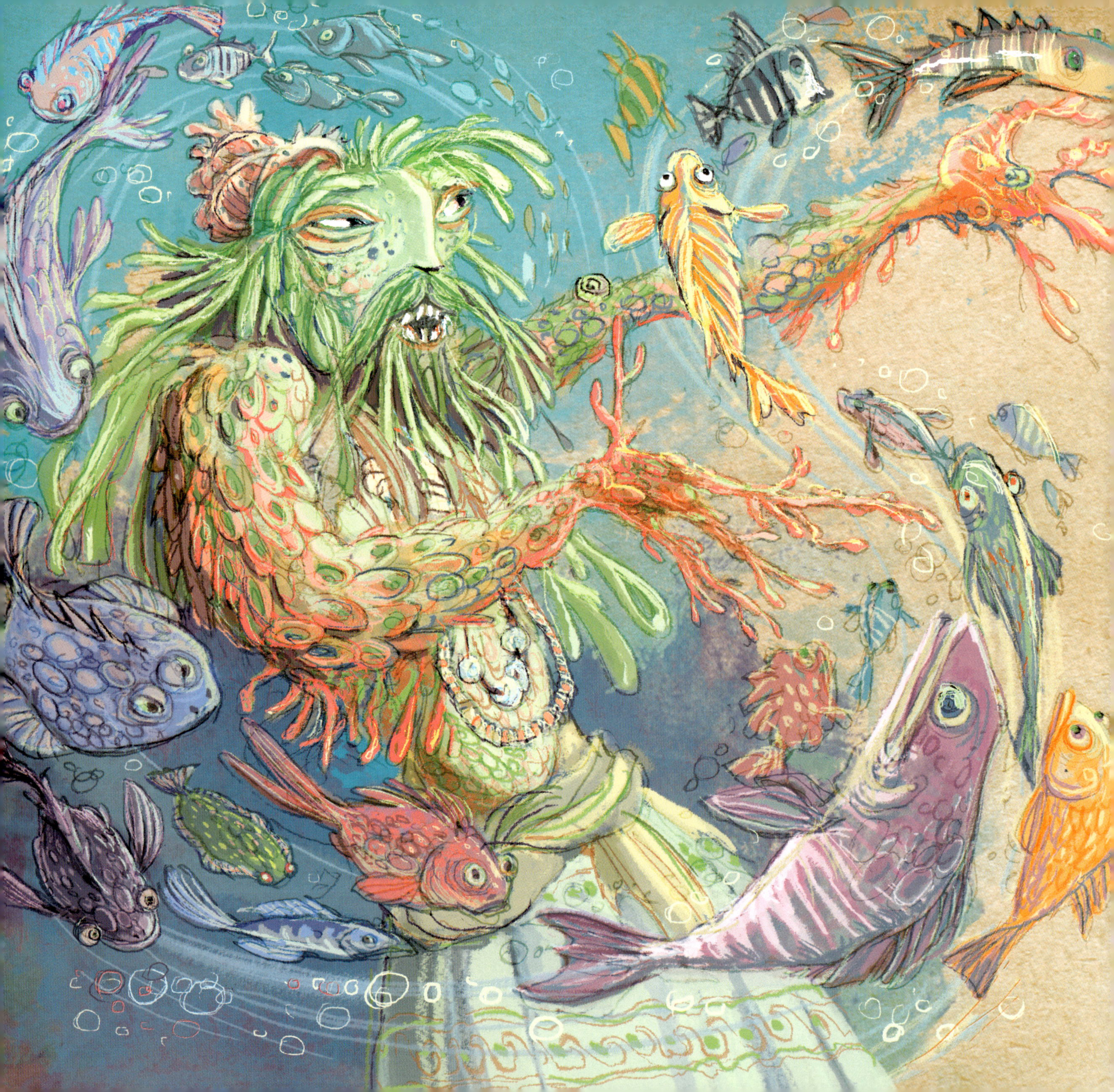

E começou a procurar uma sacola por trás da cama, no meio de umas trouxas de pele.

Quando achou a sacola e abriu, o rapaz viu que lá dentro havia um caldeirão imenso, cheio de peixes de todo tipo, nadando para lá e para cá. Peixe de rio e de mar. Tinha salmão, pargo, linguado, sardinha, roncador, papa-terra, truta, tainha, corvina, manjuba, atum, cação. Tanto tipo diferente de peixe que nem dá para dizer, a gente ia ficar dias e dias só falando.

Aí o velho abriu uma janela e jogou lá fora um punhado do que estava no caldeirão, dizendo:

– Peixe pra fora de casa,
Peixe a nadar sem parede,
Vão já pras aldeias dos homens,
Que está na hora da rede.

Depois, pegou numa trouxinha menor uma panelinha pequena e tirou de dentro dela um monte de arenque defumado. Ofereceu ao rapaz, dizendo:

– Vamos, coma. Isso é seu. Você precisa se alimentar. Deve estar morrendo de fome.

E ele estava mesmo. E cansado. Comeu bem e dormiu.

Mais tarde, quando acordou, o pescador estava feliz da vida. De barriga cheia e pronto para voltar. Que bom que sua viagem tinha dado certo! Mas antes quis dar um presente ao velho. Tinha que agradecer a boa vontade dele. E dar um jeito para que ele não se esquecesse mais de sua gente.

O que podia dar?

Não tinha nada.

Ou quase nada: tinha sua gaitinha.

– Por favor, fique com ela. Em nome de toda a aldeia. Com os nossos agradecimentos.

O velho adorou, mas não sabia tocar. O rapaz ensinou como pôde, mas viu que o gigantão não levava mesmo muito jeito. Soprava com força, desafinava, babava tudo.

– Vai insistindo, que o senhor aprende – aconselhou o pescador.

– Vou tentar. Mas, se eu não aprender a tocar bonito como você, não faz mal. Pelo menos, me distraio. E aí não fico tão chateado, sem nada para fazer. É isso que me deixa tão cansado que acabo dormindo demais.

Despediram-se, e o rapaz tornou a sair pela chaminé. Porque porta mesmo não tinha. E a janela comunicava com o fundo do mar.

Lá fora, viu que estava chuviscando. Pouco, de uma nuvem que passava ligeira em frente ao sol. Não fazia mal. Quem chegara até ali e fizera o que ele fez, não ia agora deixar uma chuva atrapalhar.

O problema era outro, e imenso. Como é que ia voltar para casa? Seu bote se perdera no mar. As baleias tinham virado gente e desaparecido. E era longe demais para ir nadando.

A sorte foi que viu um arco-íris. Começava na ilha e se estendia pelo céu até tocar a terra firme com a outra ponta. Uma beleza, bem nítido e colorido.

Resolveu experimentar. Quem sabe se aquele arco-íris não poderia ser sua ponte para voltar para casa?

Subir foi muito difícil. Logo deu para entender por que ninguém costuma usar arco-íris para ir de um lugar para outro. É uma ponte muito complicada. Forte e comprida, mas fininha, difícil de alguém se segurar nela. Escorregava muito, como se fosse feita de sabão. Talvez fosse mesmo. Bola de sabão não costuma ter nela todas as cores do arco-íris?

O jeito foi, mais uma vez, usar os anzóis e a linha. E o rapaz enganchava um anzol no alto, se pendurava na linha e subia. Pegava outro anzol, jogava para cima, repetia tudo. Devagarinho, foi escalando o arco-íris. Quando chegou bem lá em cima, estava tão cansado que já se preparava para desistir. Achou que não aguentava mais.

Deitou para descansar um pouquinho. E aí começou a deslizar para a frente, descendo, cada vez mais rápido, como se estivesse num imenso escorrega.

Foi cair justamente no acampamento da aldeia dele, em frente à tenda do pai.

– Achou o Velho do Mar, meu filho? – perguntou ele.

– Achei – confirmou o jovem pescador, ainda espanando uns fiapos de arco-íris do casaco. – E ele soltou os peixes para nós. Vamos para o rio. Está tudo lá. É só pescar.

Foi uma alegria! Todas as redes, as armadilhas e os anzóis vieram cheios de peixe. Todo mundo comeu à vontade. E depois começou a festança de salgar e preparar as conservas.

– Cadê sua gaita? – alguém lembrou de repente, sentindo falta daquela música tão boa.

Foi hora de explicar que não tinha mais gaita. Ia precisar conseguir outra, porque não podia viver sem tocar música. Mas, como contou, achara justo deixar a sua de presente para o Velho do Mar.

Todos concordaram. E logo alguém lembrou que tinha em sua tenda uma gaita, que tinha sido de um tio ou de um avô:

– Acho que ainda está guardada numa caixinha, na sacola que ele me deu, no fundo do baú que a gente usa para guardar as peles de foca que servem de cobertor no inverno.

Estava mesmo. O rapaz se preparou para começar a tocar.

Mas, antes disso, todos foram reparando numa música nova que vinha das águas do rio e das bandas do mar. Era o Velho do Mar tocando o instrumento que o pescador lhe dera.

Não era uma canção melodiosa e sonhadora. Às vezes dava até um pouco de medo. Tinha uns assovios finos como os do vento sobre o oceano. Fazia pensar em velas de embarcações se sacudindo na tempestade, e em tábuas do convés rangendo. De vez em quando, tinha uns estrondos repentinos, como as ondas se quebrando nos rochedos do litoral. Às vezes também se juntavam na música os gritos agudos das gaivotas voando por cima dos cardumes de peixes.

Muito diferente da melodia suave que encantava a todos quando o rapaz tocava. Mas dava a todos a certeza de que o Velho do Mar estava bem acordado. E com toda aquela animação musical, talvez ele até estivesse dançando em sua tenda no fundo da água, enquanto armava alguma tormenta.

Boa coisa. Assim ele não dormia demais. Não faltaria peixe. Afinal de contas, para a música maravilhosa da terra e dos bosques, eles já tinham seu próprio flautista.

E entre aqueles dois músicos tão diferentes, podiam viver felizes.

Quem é Ana Maria Machado

Ana Maria Machado sempre gostou de histórias – para ouvir, ler ou escrever. Mas, quando criança, queria ser mesmo era professora. E foi. Não só professora como pintora, jornalista, livreira. Sua grande memória e fascinante imaginação a fizeram escritora. E que escritora! Ana Maria é autora de mais de cem livros, sendo altamente reconhecida e premiada, tanto por sua literatura infantojuvenil como pelo que escreve para adultos. É traduzida em 19 países. Em 1993, ela se tornou *hors-concours* dos prêmios da Fundação Nacional do Livro Infantil e Juvenil. Em 2001, recebeu o maior prêmio literário nacional, o Machado de Assis. Um ano antes, ganhara o Prêmio Hans Christian Andersen, considerado o Nobel da literatura infantil mundial. Em 2003, Ana Maria entrou para a Academia Brasileira de Letras.

Quem é Laurent Cardon

Francês, radicado em São Paulo desde 1995, ilustrou inúmeros livros e foi premiado pela Fundação Nacional de Literatura Infantil e Juvenil (FNLIJ) pelas obras *Alecrim*, de Rosa Amanda Strausz, e *Procura-se lobo*, de Ana Maria Machado. *Um nó na cabeça*, também de Rosa Amanda Strausz, ganhou o Prêmio Brasília de Literatura 2012, na categoria Literatura Infantil e Juvenil (2º lugar).

Publicou seis livros de imagem: *Aranha por um fio*; *Calma, camaleão!*; *Flop, a história de um peixinho japonês na China*; *Sapo a passo*; *Vai e vem* e *Vagalumice*.

Estudou animação em Paris e trabalhou na China, Coreia, Espanha e, como diretor de arte em estúdio de animação, no Vietnã. Em São Paulo, mantém seu estúdio de grafismo e animação: <www.citronvache.com.br>.

Impresso no Parque Gráfico da Editora FTD
Avenida Antonio Bardella, 300
Fone: (0-XX-11) 3545-8600 e Fax: (0-XX-11) 2412-5375
07220-020 GUARULHOS (SP)

São Paulo - 2023